丛书编委会

总　策　划：来新国　　王文成

编委会主任：郭齐勇　　周晓亮

编　　　委：来新国　陈知涯　张　彧　尹格韬　沈　众

王文成　孟淑贤　周长志　罗养毅　秦　丹

乌　琛

大家精要

吉藏

吴建伟 著

陕西师范大学出版总社

Ji Zang

图书代号 SK16N1038

图书在版编目（CIP）数据

吉藏／吴建伟著. —西安：陕西师范大学出版总社有限公司，2017.1（2024.1重印）
（大家精要）
ISBN 978-7-5613-8705-4

Ⅰ．①吉…　Ⅱ．①吴…　Ⅲ．①吉藏（549—623）—传记　Ⅳ．①B949.92

中国版本图书馆CIP数据核字（2016）第271385号

吉　藏　JIZANG

吴建伟　著

责任编辑	郑若萍　彭　燕	
责任校对	舒　敏	
特约编辑	石慧敏	
封面设计	张潇伊	
出版发行	陕西师范大学出版总社	
	（西安市长安南路199号　邮编 710062）	
网　　址	http://www.snupg.com	
印　　制	永清县晔盛亚胶印有限公司	
开　　本	650 mm×930 mm　1/16	
印　　张	10	
字　　数	100千	
版　　次	2017年1月第1版	
印　　次	2024年1月第2次印刷	
书　　号	ISBN 978-7-5613-8705-4	
定　　价	45.00元	

读者购书、书店添货或发现印刷装订问题，请与本公司销售部联系、调换。

电话：（029）85303879　　传真：（029）85307864　85303629

目 录

第 1 章

吉藏生活的时代

大凡杰出人物的诞生和成长，都要有适合于培养他的土壤和气候，而吉藏所生活的时代正好具备了造就杰出人物的极好条件。吉藏的出现不是偶然的，它有着深刻的历史和文化背景。为了更好地了解吉藏这一佛教史上重要人物的出现，把握他的学说特点及其在中国佛教史上的重要地位和影响，我们有必要将吉藏放在当时的社会时代中加以考量。

一、艰难时世

吉藏是中国佛教三论宗的实际创始人，他一生主要是在南朝的梁、陈，隋代以及唐代初年度过的。他经历的是一个由长期分裂到统一的时代。

东晋十六国之后，中国历史进入南北分裂、对峙的阶段。在南方，先后有刘宋、南齐、萧梁和陈四个政权的更迭，直至589 年由隋统一全国。在这中间除梁元帝以江陵作为都城三年外，其余的时间，南方各朝的京城始终建在建康（今江苏南京），历史上称为南朝。北方地区至 440 年由北魏统一，与南朝形成南北朝对峙。这一段时期，南北对峙，王朝更迭频繁，社会动乱，兵戈不止，人民群众的苦难加深。

在经历了刘宋、南齐后，南齐统治者兰陵萧氏旁支萧衍于501年取代南齐，定国号梁，一般也称为萧梁。萧衍就是梁武帝，他学问渊博，提倡学术文化，大力发展教育事业，使得南朝的文化发展至极致，同时，社会也较为稳定。总之，南朝到梁武帝时在政治、经济和军事等方面足以抗衡北方。此时的北方，由少数民族鲜卑族拓跋氏建立的北魏王朝却在转向中原文明的汉化过程中矛盾丛生，国力有所衰退。499年，主张汉化的孝文帝去世后，北魏政局出现动荡，六镇民变，使北魏走向灭亡之路，终于在534年分裂成东魏及西魏。

虽然梁武帝未能利用北方的动乱而挥兵北上，统一全国，但鉴于北方政权自顾不暇，梁朝的政权还是十分稳固的。然而，不久后发生的侯景之乱却彻底覆灭了梁朝，也改变了后来南北朝的历史进程。

555年，陈霸先以攻北齐为借口，偷袭杀掉了平定侯景的主帅王僧辩后独自专权，不久，又代梁朝，建立陈朝，陈霸先是为陈武帝。陈朝自武帝开国，天下渐渐安定下来。但老百姓仍然处于"室靡盈积之望，家有填壑之嗟"的严峻局面，也就是说老百姓家里根本没有充足的粮食，随时有饿死的危险。此后的几代皇帝都面临着人口减少、国库空虚的问题。文宣帝即位，勤于政事，节俭爱民，国库充足，老百姓的日子还算小康。

陈朝的最后一个皇帝名叫陈叔宝，后人称为后主。他刚做皇帝的几年，还有两三个正直的大臣辅政，颇留心于军国政务。后来奸臣当政，惑于内宠，后主渐渐荒淫奢侈，朝政极度腐败。当时有人上书给后主要他远离奸臣内宠，励精图治，还说不改弦更张，恐怕江南半壁江山就要亡在后主手里。后主看后大怒，下令赐死。从此以后，再也没有大臣敢直言劝谏了。本来，从东晋到南朝，就属陈朝的疆域最小，加上政治腐败，人民破产严重，以致纷纷脱离政府户籍，使得陈朝所掌握的人口大量减少，真算得上是哀鸿遍野，一片衰落景象。

　　而此时北方的情形如何呢？东魏和西魏分别在 550 年和 557 年被北齐、北周所篡取。北周武帝宇文邕在其父周太祖宇文泰改革的基础上，继续在政治、经济、军事等方面深入革新，国力大大增强。建德六年（577），周武帝吞并北齐，北方重新统一。周武帝一反北朝崇佛的做法，大肆限制佛教，史称周武帝灭佛。翌年，周武帝病逝，其子宣帝即位。从此，隋朝的建立者杨坚走上了历史舞台。由于杨坚长女系宣帝皇后，宣帝子静帝年仅八岁，不能亲政，杨坚以外戚身份总理朝政。至静帝大定元年（581），杨坚代周称帝，国号隋，定都长安，称大兴城（今陕西西安），杨坚史称隋文帝，改元开皇。隋朝建立后，隋文帝继续进行了一系列改革，为实现全国的统一打下了基础。

　　开皇九年（589）元旦清晨，隋军渡过长江，攻破建康，消灭了陈朝，重新统一了中国。虽然隋朝在隋文帝统治下，采取了各种措施，取得了繁荣富强的景象，但却由于继位的隋炀帝杨广而迅速走向了灭亡。

　　隋炀帝上台后，虽然也曾努力发展生产，提倡学术文化，但另一方面却过着大肆挥霍、纵情声色的生活，发动对外战争，无休止地征收徭役，终于，各地农民纷纷揭竿而起。

　　随着反隋浪潮一浪高过一浪，作为隋朝太原留守的唐国公李渊也看准时机，于大业十三年（617）起兵反隋。李渊是隋文帝的近亲。李渊之母与隋文帝的独孤皇后是亲姐妹，隋文帝杨坚是李渊的姨父。李渊是隋炀帝杨广的姨表兄。隋炀帝对这位表兄很是照顾。617 年李渊成为太原留守，彻底掌握国家的边关重镇与军事大权。隋炀帝对李渊可谓是恩德隆盛，而这位李渊是怎么报答他的表弟的呢？

　　唐朝刘悚的《隋唐嘉话》中记载着这样一个故事：据说隋炀帝和群臣宴饮，因李渊脸皮皱褶像老太婆，故而隋炀帝称李渊为"阿婆"。李渊回去后很不高兴，但是李夫人却说这是吉兆。因为李渊封于唐（今山西太原一带），唐者堂也，阿婆即是堂主。于是李渊大喜。由此可知"阿婆"李渊早有做唐主谋篡皇位的野心。

那年的十一月，李渊攻破长安，迎立代王杨侑为皇帝，即隋恭帝，改元义宁，李渊任大丞相，进封唐王，遥尊隋炀帝为太上皇。此时的隋炀帝因为各地纷纷起兵而滞留在他一向喜爱的地方——江都（今江苏扬州）。义宁二年（618）三月，隋炀帝在江都被他的大臣宇文化及缢死。同年五月，李渊篡隋称帝，定国号为唐，隋朝灭亡，李渊就是唐高祖，改元武德，都城仍定在长安。唐政权成立以后即开始了统一全国的军事行动。武德三年（620），全国重新统一。从此，一个在政治、经济、文化、外交等方面都有辉煌成就的统一强大的唐帝国诞生了。

二、浓郁的佛教氛围

中国佛教经过汉晋时期的持续发展，到南北朝时期，佛教总体上更趋兴盛，因为苦难深重的时代，正是佛教得以滋生、发展的适宜土壤。民众需要以此来慰藉心灵，比如佛教所宣扬的西方极乐世界的思想就极受欢迎。南朝统治者比他们的前辈对佛教有更深刻的认识。他们不仅把佛教当作祈福、粉饰太平的手段，而且已经意识到佛教可以作为巩固自身统治地位的工具。

刘宋（420~479）的开国皇帝宋武帝刘裕在做皇帝之前就与佛教有密切关系。据说刘裕曾在下邳旅馆时碰到一个僧人，僧人告诉刘裕说：处在江南地区的东晋王朝将有大乱，能安定江南的人就只有你了。另外一件事是说刘裕手上曾有创伤，多年没有治愈，后来有僧人给了刘裕一种黄药，之后那僧人忽然就不见了，刘裕用那僧人留下的黄药治愈了手伤。因为这两件事，他做了皇帝后，当然对僧人青睐有加了。如刘裕在征伐荆州的司马休之时路过湖北江陵，碰见僧人慧观，与其一见如故。慧观，俗姓崔，后秦弘始三年（401），鸠摩罗什入关中，乃从罗什受学，精通《涅槃经》。刘裕让慧观与王子刘义隆（后来的宋文帝）交往。又比如刘裕北伐长安，邀请好友慧严同行，起先慧严不肯，后经过刘裕诚恳邀请就答应随军了。这也是因为僧人曾帮助过他治愈手伤，保佑过他。宋文帝与乃父相比，崇佛的程度也不遑多让。他听大臣说佛法有助教化，于是开始钻研佛经，常与慧观、慧严等一起学习佛理。宋孝武帝则更胜一筹。他崇信僧人慧琳，有关国家政治都要与慧琳商议，慧琳居然由此成为权力熏天的政治人物，很多人为求得各类利益而纷纷来走慧琳的门路，因慧琳着黑色僧衣，故而得了个"黑衣宰相"的称号。

南齐（479~502）的首位君王萧道成对僧人也是另眼相待。如萧道成十分看重僧人慧远，有一次入寺探望，然而慧远辞以年老多病，脚不下床，萧道成并不以为忤，还是恭敬地降礼慰问。还有一次，萧道成又摆驾前往，但因慧远的屋子太小容不下萧道成所乘的车舆，不得已只好下车步行。

梁朝（502~557）武帝时，崇佛达到极盛。梁天监三年（504）四月初八佛诞日，萧衍下诏"舍事道法"，皈依佛教。他曾四次舍身同泰寺，又由大臣赎回，其中第一次舍身时年已六十六岁，第四次时已经是八十四岁高龄了，梁武帝对佛教可谓老而弥笃。而同泰寺由于四次得到赎钱，居然顿成巨富。最滑稽可笑的是，梁武帝试图通过舍身为僧的举动来检验王子亲信以及群臣百官是否会趁机篡位作乱。此外，他还明令禁断肉食，只许食素。他创立忏悔法，号"梁皇忏"。他的儿子们从小受父亲信佛的影响，耳濡目染，崇信佛教，遍览佛经。简文帝萧纲、元帝萧绎均对佛教经论烂熟于心，并创作有崇佛作品。

陈朝（557~589）诸帝继续了梁代帝王的崇佛行为。陈武帝也曾"舍身"佛寺，在"群臣表请"之后"还宫"。陈文帝不仅办法会，而且写忏文，《广弘明集》收其《妙法莲华经忏文》。正是由于帝王对佛教的尊崇，才推动了佛教在南朝的飞速发展。

除了帝王、民众对佛教在实践方面的尊崇以外，南朝的佛教理论水平突飞猛进。南朝佛教继续了东晋重视佛教义学的传统，所谓"江东佛法，弘重义门"，在佛教义理研究方面多有贡献。刘宋一代，在建康组成了由佛陀跋陀罗和求那跋陀罗为核心的译场翻译佛经，从而涌现出慧观和慧严等一批义解僧。到了齐、梁二代，佛教虽然更加兴盛，但译经反有逊色。进入梁末陈初，由于真谛的到来，南朝的译经事业重新发展起来。南齐竟陵王萧子良广召宾客学僧，为弘扬佛教教理讲经疏义。他本人著有《净住子净行法门》《维摩义略》等。梁武帝对义学多方提倡，鼓励僧人们讲学立说。如当时著名僧人智藏（居钟山开善寺，故世常称之为"开善"）可以自由出入皇宫，甚至可登上宫殿中的御座。还有一些有学问的僧人被梁武帝直接聘为家僧，或被任为管理僧团的僧正官。梁武帝自己还著有《涅槃》《大品》《维摩》《大集》诸经的《疏记》及《问答》等数百卷，推崇《成实》论师和《十诵》律师。陈朝帝王在教义上，注重《大品般若经》和吉藏所授传的三论学（以《中论》《十二门论》《百论》等为核心的佛教学说）。

佛教在南朝的盛况是空前的。唐代诗人杜牧在《江南春绝句》中说："南朝四百八十寺，多少楼台烟雨中。"正是南朝首都建康佛寺无数的真实写照。据唐代法琳《辩正论》卷三记载：刘宋时期，有佛寺1913所，僧尼36000人；萧齐时，共有寺院2015所，僧尼32500人；萧梁时期，共有寺院2846所，僧尼82700余人。

隋唐时代是中国佛教的大成时期。隋文帝杨坚继承了北周的统治，一开始就改变了周武帝毁灭佛法的政策，而以佛教作为巩固其统治权的方针之一。隋文帝与佛教有着不解之缘。相传在西魏文帝大统七年（541），隋文帝的父亲杨忠偕妻吕氏住在冯翊（今陕西大荔），杨坚就出生在当地的般若尼寺。因为出生时正值炎热的六月，吕氏为未满月的杨坚扇凉，不料杨坚因着凉而不能啼哭。正在杨忠夫妇焦急万分之时，寺内有一位叫智仙的尼姑治好了杨坚的病，还说杨坚有天佛神佑，有君王之相，故请求将杨坚寄养于该寺，并取梵名为那罗延，意为金刚不坏。

杨坚在尼寺中生活了十三年，耳濡目染，佛教对他影响至深。在隋朝统一全国后，他常说：我兴由佛法。为了表示对佛教的虔诚，文帝还常对寺院僧人进行布施。文帝即位后不久，与一位叫昙崇的僧人交好，常请他为自己讲授佛理。昙崇每次进宫讲经时，文帝都要亲自接见，自称师儿，皇后自称师女。有一次，文帝给昙崇所属寺院布施了绢一万四千匹、布五千端、绵一千屯、绫二百匹、锦十二张、上等好米千石，皇后也布施了钱五千贯、毡五十领、剃刀五十具等。文帝一生致力于佛教的传播，主要表现有：下令修复毁废的寺院，允许人们出家，又令每户出钱营造经像，京师长安及并州、相州、洛州等诸大都邑由官家缮写一切经，分别收藏在寺院及秘阁之内，从而天下风从，民间的佛经比儒家的六经多出很多倍。另外，他还敕令在五岳各建佛寺一所，诸州县建立僧、尼寺各一所，并在他所幸临的四十五州各创设大兴善寺，又建延兴、光明、净影、胜光及禅定等寺，据传他所建立的寺院共有3 792所。在学术上，文帝积极提倡佛教义学，以长安为中心建立了传教系统，选聘当时各学派著名的学者集中在都邑，分为五众（五个佛学研究集团），即涅槃众、地论众、大论（《大智度论》）众、讲律（戒律）众、禅门众，每众立一位"众主"，领导教学。此外，长安还曾建立了二十五众。

隋炀帝杨广也笃好佛教。他先为晋王时，即受菩萨戒。即位后，他在大业元年（605）为文帝造西禅定寺，又在高阳造隆圣寺，在并州造弘善寺，在扬州造慧日道场，在长安造清禅、日严、香台等寺，又舍九宫为九寺，并在泰陵、庄陵二处造寺，又曾在洛阳设无遮大会，度男女120人为僧尼，并曾令天下州郡行道千日，总度千僧，亲制愿文，自称菩萨戒弟子。炀帝还在洛阳的上林园内创设翻经馆，罗致译人，四事供给，继续开展译经事业。

由于当时全国一统，南北佛教的思想体系得到了交光互摄的机会，从而使各宗派学说都有汇合折中的趋势，最终促进了隋代佛教义学的发展及宗派的建立。

唐武德元年（618），唐高祖在长安朱雀门南通衢上普建道场，设无遮大会，当时僧、道云集，同时在并州立义兴寺，在太原立太原寺，在华阴立灵仙寺，长安则立会昌寺、证果尼寺、来仙尼寺，又为太祖帝后等造旃檀等身佛像三躯。此外，唐高祖因为僧人景晖曾预言自己当承天命，多予谶符，就为景晖立胜业寺，因僧人昙献曾在隋末施粥救饥民，就为昙献造了慈悲寺。武德二年正月，唐高祖还下诏，要全国在每年的正月、五月、九月这三个月内，禁止行刑屠钓，称这依据的是佛教和道教宗旨。

在吉藏生活的时代，佛教的寺院经济也达到了鼎盛，这为佛学的互相交流和宗派的建立奠定了坚实的物质基础。南朝寺院广占田地，僧尼享受着免除徭役、不输租的特权，寸绢不输官库，升米不进公仓。隋唐时期，名僧大寺继续得到了朝廷的供给。隋文帝置九寺，"皆国家供给"。有了独立的雄厚的寺院经济，佛教哲学的发挥和宗派的成立就有了最现实的物质保证。

三、佛教学派林立

魏晋南北朝时期，佛教译籍大量涌进，这些佛教典籍的翻译为佛教在中国的发展提供了丰富的思想资料。到南北朝时期，各派佛经的译本大致已经齐全，介绍印度佛教的使命基本完成，一些有代表性的佛典，大都有僧俗学者研习、发挥，各立一说，形成了众说纷纭、学派林立的局面，如毗昙学派、涅槃学派等，其学者也相应被称为"毗昙师""涅槃师"等。这些学派虽也有称之为"宗"的，其实还算不上真正的宗派，到隋唐时期在这些学派的理论基础上形成了真正的宗派，如三论宗、天台宗等。众多佛教学派的涌现突显了南北朝时期佛教繁荣的盛况，同时也反映了南北朝僧人对佛教哲学研究的深入。这就为吉藏以后的立说创宗奠定了厚重的理论环境和佛教哲学的研究方式。另一方面，除了吉藏自己所属的三论学派之外，其他学派都是吉藏学说中予以批判的靶心，只有了解这些学派的大概，才能更方便地明晓吉藏所批判的到底是什么，为什么要去批判，以及这些学派理论与吉藏学说有什么相异点。概括说来，其中较有影响并受吉藏批判的主要有以下几派。

涅槃学派

涅槃学派是指在南北朝时以研习、弘传《大般涅槃经》为主的佛教思想学派。

在中国佛教界影响较大的《涅槃经》有三个版本：一是东晋时著名高僧法显和佛陀跋陀罗在建康译出的《大般泥洹经》六卷（泥洹即涅槃）；二是北凉昙无谶翻译的《大般涅槃经》四十卷，又称大本《涅槃经》；三是南朝慧观、谢灵运等人根据六卷本将传到南方的四十卷本润色改定为三十六卷本，称南本《涅槃经》。

在大本《涅槃经》还没有传到江南以前，六卷本先行流布。经中说，除一阐提（指作恶多端，断了善根之人）之外的人都有佛性，皆能成佛。

晋宋时期的竺道生（？~434）剖析经旨，判定其意未尽，因而即倡"一阐提皆得成佛"说。这可算是一个惊世骇俗的观点了，当时那些守旧的僧人指责道生离经叛道，群起而攻之，将他逐出建康。道生来到苏州虎丘山，坐在一块平坦的石头上继续阐述他的一阐提皆有佛性的看法，并问石头："如我所说，契合佛心吗？"周围的一些顽石也纷纷点头表示赞同，所以后世有"生公说法，顽石点头"的典故。直到现在，苏州虎丘山还留存着当年听道生说法的"点头石"。后大本《涅槃经》传至江南，证明一阐提皆能成佛的观点确实存在于《涅槃经》中。于是道生即在庐山精舍讲说，是为南方最初的涅槃。道生又尝校阅真俗典籍，研思因果理致，著《泥洹义疏》，立"善不受报"及"顿悟成佛"义。与他同出鸠摩罗什门下的慧观则主张渐悟，他和道生并为涅槃学派中两大系。"人人皆有佛性""顿悟成佛"的说法为唐代禅宗所继承和发挥。

在南北朝时期，对《涅槃经》的研究盛极一时。隋代统一中国后，就当时的佛教义学立为"五众"，而涅槃学居五众的第一位。入唐以后，不复有以独讲一经名世的涅槃师。

《涅槃经》的中心思想是"一切众生悉有佛性""涅槃常乐我净"以及一阐提和声闻、辟支佛都能成佛的大乘佛教思想。其中佛性问题引起了广泛争论，总的来说，主要有两点：一是何为正因佛性，二是佛性是本有还是始有。对以上这些说法，吉藏都予以了批判、研究。

毗昙学派

毗昙学派着重研究小乘佛教说一切有部的论典《杂阿毗昙心论》。说一切有部是小乘二十部派之一，约于佛灭后三百年之初出现。

毗昙学派的学说主要是根据《杂阿毗昙心论》的义旨，说明我（指人）空、法（指事物）有，以及事物由因缘而产生并有自性的观点。所谓自性，就是事物各自具有的体性或体相。

成实学派

成实学派在南北朝时以传习、弘扬《成实论》而得名。成实学派弘传诃梨跋摩著、鸠摩罗什译的小乘佛教论典《成实论》。

《成实论》站在接近于大乘佛教的立场上说明佛教教义，批评一切有部关于我空法有的学说，主张我、法都是空的。

地论学派

地论学派是在南北朝后期形成一直延续到隋朝的以研习、弘扬《十地经论》为主的佛教学派。

4世纪或5世纪时印度大乘瑜伽行派的重要学者世亲的《十地经论》，是对《华严经·十地品》的注释。十地即欢喜地、离垢地、发光地、焰慧地、难胜地、现前地、远行地、不动地、善慧地、法云地。它是指由凡夫到菩萨最后成佛修行过程的十个阶位，人们在这十地中，经过修行，最后成佛。

《十地经论》在北魏永平元年至四年（508～511）由勒那摩提、菩提流支两人合作译成，共十二卷。据说两人因意见不合而互不询访，《十地经论》也就发生异解，而形成南北两道。

南道系传自勒那摩提。门下弟子慧光传其法，北齐时住邺都国统寺，学者称他为光统律师。慧光主张佛性本有，即认为众生的佛性乃是与生俱有，先天而有，修习只是使本有的佛性得以显现而已。

慧光对于判教也有独到的见解。在佛教中根据义理的浅深、说时的先后等方面，将后世所传的佛教各部分，加以剖析类别，以明说义之所在的叫作判教，又作教判。判教起源于南北朝时期，到了隋唐还继续盛行。从有判教以来，就未得一致的见解。又由于诸家所见各异，遂生宗派之别，所以判教也是宗派成立的原因之一。

慧光有三教、四宗两种判教说。三教是说渐教、顿教和圆教。他说，佛为根机未熟者先说无常后说常，又先说空后说不空，渐次而说，这是渐教；为根机成熟者，于一法门具足说常与无常、空与不空、更无渐次，这是顿教；又为上达分段佛境者说佛果德圆满自在的法门，这是圆教，也就是《华严经》所说。四宗是说因缘宗、假名宗、诳相宗、常宗。慧光认为，一代佛教中，毗昙学说认为诸法各有体性，皆从六因四缘而生，可以称为因缘宗；《成实论》说一切法皆无实体，但有假相假名，可以称为假名宗；如《大品般若经》及《三论》说诸法不但无有实体，即假相亦虚诳不实，可以称为诳相宗；《涅槃》《华严》等，说常住佛性，可以称为常宗。

菩提流支则被称为北道系之祖。北道主张佛性是通过后天修习而有的，此说与摄论学派相近并最终两者合流。

北道系在判教方面讲五宗：第一，因缘宗，以六因四缘理，破外道邪因、无因等误说；第二，假名宗，一切有为法均属因缘所生假相，无实体而以假名存在，指《成实论》等；第三，不真宗，一切诸法，本为虚幻而无实体，此即为"空"，然众生执着于现实，故须以空理来否定，指《般若经》《三论》等；第四，真宗，肯定"即空即有"之真理乃永远不变（法界常住）、普遍于一切法之上（悉有佛性），指《涅槃经》等；第五，法界宗，宇宙中事事物物悉为真实互化同融，自由自在，相互无碍，指《华严经》，北道刻意抬高了《华严》地位。

摄论学派

摄论学派是指形成于陈隋之际，以讲说真谛所译《摄大乘论》的佛教学派。

真谛（499~569），梵名波罗木陀，西印度优禅尼婆罗门族，原名拘那罗陀（华言亲依），少时博访众师，学通内外，尤精于大乘之说。他以弘道为怀，泛海南游，止于扶南国（今柬埔寨）。梁武帝大同年间（535~545），派直后（官名）张汜送扶南国的使者返国，访求高僧大德和大乘诸论、《杂华》等经。扶南国乃请真谛来华，于是真谛带着经论梵本240夹，于中大同元年（546）八月到达南海郡（今广东南部），当时他已年垂五十了。真谛随即北上，沿途停留，至太清二年（548）八月才到建康，武帝深加敬礼，使住宝云殿。真谛正要从事翻译，即发生侯景之乱，不果所愿，乃往东行。太清四年，真谛到了富春（今浙江富阳），县令陆元哲迎住私宅，为召集沙门宝琼等二十余人，布置译场，请他翻译。是年十月起，始译《十七地论》《中论》等，不久因世乱中止。大宝三年（552），他应侯景之请回到建康，住于台城。然而不久，侯景兵败东遁，梁元帝即位，改元承圣，建康地方秩序逐渐恢复，他迁住正观寺，和愿禅师等二十余人翻译《金光明经》。其后，他历住豫章宝田寺、新吴（今江西奉新）美业寺、始兴（今广东曲江）建兴寺，还到过南康（今江西南康）。他特别重视《摄大乘》和《阿毗达磨俱舍》二论。

摄论学派的主要观点是，在第八识"阿梨耶识"（"阿赖耶识"的异译）之外另创纯粹清净的第九识"阿摩罗识"（又译"阿末罗识"，意译为"无垢识"）。此派认为一切现象都因妄识阿梨耶识而有，通过佛教修行，消除妄识，证得人人固有的自性清净的"阿摩罗识"，这就能成佛。这其实也就肯定了一切众生皆有佛性，均能成佛。

吉藏就生活在这一动荡但又弥漫着浓厚佛教氛围的时代。这样的时代也正是涌现出具有超世魅力的偶像人物的时代，佛教界也不例外。

第 2 章

吉藏的生平事迹

时代造就了吉藏这一伟大高僧的诞生，然而他的成长，还要靠自己主观上的不断努力。吉藏的一生，始终勤奋追求，讲经说法，著书立说，努力去实现自己在佛教上的远大抱负。了解吉藏这位杰出佛学者的一生经历，对我们了解他的理论学说不无裨益。

一、建康诞生

梁朝太清三年（549）三月，侯景攻破了建康城。整座城市顿时陷入一片战火之中，城内百姓纷纷四散逃命。然而，对有一户人家来说，对这一切却似乎恍若未闻。这户人家的男主人是一位中年人，他高鼻深目，外表与中国人不同，原来他姓安，是西域安息国皇室的后裔。

安息就是帕提亚帝国（前 247~224），是伊朗古代奴隶制王国，开国君主为阿尔撒息。帕提亚大致相当于今伊朗的呼罗珊地区，在波斯帝国和塞琉西王朝时期是一个省。汉朝取其开国者 Arsacids，汉语音译"安息"作为国名，西方史家称之为帕提亚（Parthia），224 年被波斯萨珊王朝代替。

安息国所在的帕提亚地区是横贯亚洲大陆的丝绸之路的必

经之地，那里佛教十分流行。在经济上因过境贸易而得到好处，为此帕提亚与中国一直保持友好关系。公元前115年，西汉王朝就派遣使节至帕提亚，米特拉达梯二世令二万骑迎于东界。公元87年，帕提亚王曾遣使来中国献狮子、符拔。

实际上，安姓中年人的先祖们早在东汉时期就已来中国传播佛教了，其中最著名的当属安息国太子安世高（本名清）。他于汉桓帝建和初年（147）来到中国洛阳，不久即通晓华语，开始翻译佛经。在安世高身上有种种神异传奇经历。比如安世高自称前身已经出家，前身的安世高有一个同学，多嗔恨之心，在化缘时碰到施主布施不称心，常常怨恨以对。对此，安世高的前身屡次对其加以呵谏，但那同学终不悔改。就这样过了二十余年，安世高的前身与那同学辞诀说：我要往中国的广州了结宿世业力。你学佛精勤，不在我之下，但你性多嗔怒，死后会受恶形。我如果得道了，必定会来度你。后来安世高的前身到了广州，正好碰上寇贼大乱。他在半路上遇到一少年，那少年拔出刀来说：今天算我真的碰见你了。安世高前身笑道：我前世就欠你一条命，现在远道而来还给你。你现在的愤怒就是我前世造成的。说完引颈受刃，毫无惧色。那少年杀了安世高的前身，不久，安世高的前身又转世为安息王太子，也就是今世的安世高。安世高译事大概到灵帝建宁年间为止。随后，安世高游历了江西豫章（今江西南昌），又来到了广州，寻找前身杀害自己的少年。此时，少年已是白发苍苍的老人了，安世高向他说起前世偿命的宿业，两人欢喜相对。安世高又说：我还有业报，现在应去会稽（今浙江绍兴）偿还。到了会稽市里，当时正好一片混乱，有人在打架，混乱中，安世高的头被误打到，随即倒地身亡。后来安世高又转世，就不知所踪了。

之后，安息国人还有安玄、昙无谛、安法钦等相继来华。东汉灵帝末年，安玄至洛阳，以功拜骑都尉，故世称"都尉玄"。他博诵群经，以弘法为己任，渐解汉语后，常与沙门讲论道义。昙无谛，三国曹魏高贵乡公正元元年（254）至洛阳。安法钦，西晋武帝太康二年来洛阳。这些安氏先辈先后在中国翻译佛经、宣扬佛教。

由此可见，安氏先辈与中国早早结下了不解之缘。这恐怕也是吉藏祖先选择到中国来的一个原因吧。安姓中年人的祖先为了避仇，不得不长途跋涉，不远千里到了东亚地区，先是暂居于交州（一般指今越南北、中部和中国广西的一部分），后来又移居至广州，再后来又移居到建康城。由于受安息国和南朝浓郁的佛教影响，安氏家族世世代代都虔诚信奉佛教，这种家庭氛围在以后吉藏的成长道路上，起到了十分显著的作用。

此时，中年人的妻子冯氏正在隔壁的房间里痛苦地呻吟着，原来今天是冯氏生产的日子。那位中年人正在门口焦急等待，一种说不出的兴奋弥漫在他的四周。这是妻子冯氏为他生的第一个孩子。冯氏是建康人氏，她有着菩萨般的善良心，和当时许多妇女一样，也崇信佛教。中年人虽然等得心焦，但他坚信佛菩萨会在冥冥之中保佑他们一家，佑护妻子顺利渡过这一关。

不知过了多久，一声清脆的婴儿啼哭声划破了兵马喧嚣的建康城。这个婴儿就是后来成为印度大乘中观学派的中原传人、中国三论宗实际创宗人的"嘉祥大师"——吉藏。

中年人"腾"地一下站起来，奔向隔壁房间，正在此时，接生婆也喜滋滋地快步走了出来，向中年人喊道："恭喜啊！是个公子！是个儿子啊！"中年人心中的高兴劲自不待言，他登上台阶，一步跨进了房间。此时的冯氏，在经过一场生死搏斗之后，正疲惫地躺在那里，虽然脸色有些苍白，但在中年人眼中却是那样美丽动人。妻子身边的小生命，生得是那样乖巧，天庭饱满，眉清目秀。夫妻两人看着看着，脸上挂满了笑容，浑然忘却了外边的世界正刀兵杀戮，美丽的江南地区正经历着一场前所未有的浩劫。

接下来的梁大宝元年（550）十一月至承圣元年（552）三月，对于整个建康城乃至江南一带的百姓是极为不幸的，湘东王萧绎和侯景之间展开了大规模对战。因为侯景之乱，建康城遭到了很大的破坏，疾疫而死者大半，许多建筑物都被破坏，东宫台殿所藏图书数百橱全被烧掉。当梁朝大将王僧辩攻克台城时，兵士也大肆抢掠，百姓号叫之声响彻建康城，所以当时"金以王师之酷，甚至侯景"。在这场浩劫中，城市被焚掠后满目疮痍，荒如野郊，原本繁华的江南千里绝烟，人口凋零，元气大伤。

饱受战争、动乱的人们，只能向佛菩萨祈求平安，祈愿他们能过上太平安定的日子。安氏夫妇俩都是虔诚的佛教徒，他们心地善良、为人忠厚，生活虽然艰苦，却也一直乐善好施。每逢初一、十五等日子，夫妇俩都要带上小吉藏到邻近的寺院上香礼佛，祈求佛菩萨加被，保佑一家平平安安。寺院庄严慈祥的佛像在吉藏幼小的心灵中刻下了深深的印记，奇妙的诵经声，美妙的梵乐，袅袅的青烟，飘扬的幢幡，都让他感到新鲜。每次入寺祈祷，小吉藏总是饶有兴趣地观看，离开时总是恋恋不舍。

看着孩子一天天地成长，而且每次见到佛像，就情不自禁地驻足瞻仰，冯氏却不由得心事重重，一块巨石如影随形地压在她心中。原来，安氏家族有一个奇怪的传统，祖先为了感谢佛菩萨保佑安氏在安息国幸免于仇杀灭门，愿将子孙出家奉佛，所以在不久的将来，丈夫和孩子也都要双双遁入空门。这真是一个怪异的家族啊！冯氏每次想到这，就忍不住泪流满面，好不容易生活安定下来，自己正憧憬着和家人好好地生活，尽情地享受夫妻之情、天伦之乐，命运却如此对待她，怎不令她心酸呢！但是，丈夫家族传统是不能违背的，而她也在与丈夫结缡之时已完全知悉丈夫家的传统。冯氏只能祈祷随着时光的推移、生活的安定，丈夫能顾念夫妻情深和儒家伦理血食祭祀的分儿上，打消让自己和孩子落发为僧的念头。

二、真谛赐名

光阴似箭，春去秋来，转眼之间已经是梁元帝承圣二年（553）。小吉藏已经长到五岁了。一天，小吉藏的父亲决定带着自己具有佛缘的儿子去拜见著名的佛经翻译大师、摄论学的祖师真谛法师，希望真谛法师能对小吉藏和自己指点一番。原来吉藏的父亲早已听闻真谛法师去年就再次来到了建业（建康）城。作为一位虔诚的佛教徒，真谛的大名早已耳熟能详、如雷贯耳了。

如今真谛所住锡的正观寺也是大有来头的。寺院原来是南齐时天竺国僧人求那毗地用供奉营造而成的。当年扶南僧人伽婆罗曾在此译经，梁武帝对他极为有礼，常常圣驾亲临，请益佛学。正观寺历经侯景之乱，寺宇略显破旧，然而随着时局的安定，重新显示出香火旺盛、诵经之声不绝的繁华景象。

父亲怀抱着小吉藏沿着幽静的小道向寺院走去。父亲心里是又兴奋又有些惴惴不安。自己和小吉藏的佛缘到底深浅如何马上要得到答案了，但是转念一想，自己从未见过真谛大师的佛颜，不知如何才能找到这位高僧？高僧又会否予以指点迷津呢？再一想：管他呢，心诚则灵嘛！到了寺院也可以向其他人打听。父亲就这样安慰着自己。不知不觉中，父亲抬头一望，但见一个寺院就在不远处，红墙碧瓦隐在一丛深绿中。啊！终于快到了！这时，小吉藏大概也心有灵犀，一双明亮的大眼睛正闪烁着光彩。两人走入寺院门，但见前来烧香礼佛的善男信女络绎不绝，他们刚刚经历过战争的洗礼，到此地寻找精神上的良药，医治饱受创伤的心灵。

父亲和小吉藏也满怀虔诚，随着众人依次拜谒了大佛殿、大雄宝殿等殿堂，每到一处，都要敬香默祷。父亲一边礼佛，一边焦急地四处张望，希望能找到一名寺院僧人，以便探问真谛大师的居处。好不容易看见一个沙弥模样的僧人，父亲忙不迭抱起小吉藏费力地挤过人流，一把抓住了那位年轻僧人的袍袖，单手一拜，说一声"请恕鲁莽"。还未等那位僧人缓过神来，父亲急欲询问："请问师父，可否告知真谛大师现在何处？在下想拜见一下大师！烦请您相告！"年轻僧人本来突被扯住了僧袍，心中一愣，回头一看，原来是一个中年男子和一个小童，一看就是前来礼佛的檀越，要打听我家住持，也忙双手合十还礼，一指后山，说道："我家住持现在应该在后院观心亭，施主可去那边看看！"父亲一听大喜，想不到今天如此顺利，道声谢，去往后山。

冷风从后院掠过房脊，略有秋意。父亲抱着小吉藏快步走入长廊，经过四五次转折，自后墙的小门进入了后院，抬眼一望，不远处果然有一座亭子。父亲束了一下衣袖，抬步迈向青白色的石阶。

来到亭前时，只见有一个中年僧人正恬然独坐在亭下石凳上，闭目不动，口中念念有词，大约在构思佛经翻译中的遣词用句。父亲顿时意识到这位一定是鼎鼎大名的真谛大师了。见大师并不言语，他和小吉藏也不敢贸然上前，只得恭敬地驻足，原本吵吵闹闹的小吉藏也似乎知道什么似的，变得十分安静。但见真谛大师面容清癯有神，玄黄色的袈裟十分整洁，神气自若，岸然出尘。过了不久，真谛大师抬头看了这对父子一眼，微微一笑，说道："施主既然来了，就是有缘人，请坐！贫僧来给施主沏一杯茶。"父亲慌忙拉着小吉藏走上前去，对着真谛大师虔诚一礼，连连摆手："不敢劳驾大师！罪过！罪过！"小吉藏见眼前这位大师言谈亲切，也不再怕生，一双天真无邪的明目，好奇地观望着真谛大师的袈裟，小手还不时地抚摸大师颈上所戴的一串念珠。大师不愧是高僧，自具慧眼，也被面前的这个小童深深吸引住了。他仔细端详这个眉宇间流露出睿智、机敏和坚毅的孩子，心里甚是喜欢，和蔼地问小吉藏："孩子！你长大以后的愿望是什么呀？"小吉藏略微想了一下，认真看着大师答道："我愿出家奉佛，普度众生，长住吉祥！"小吉藏的回答不仅使大师动容，也令父亲吃惊。大师不由得连声赞叹："善哉，善哉！"抬眼对着一脸惊讶的父亲说道："恭喜施主！令郎远识，非施主所能想象。他日定当弘我佛法，成为万人法主！"顿了一顿，大师继续说道："施主如果不嫌弃，贫僧想为令郎取一名字，不知意下如何？"父亲简直不敢相信自己的耳朵，赫赫有名的真谛大师居然先说自己的儿子将来前途不可限量，又说要为儿子取名，能得到大师慧眼垂青，这是何等荣耀之事！连忙频频点头。只见大师略一沉思，缓缓说道："吉者，善也。藏者，摄持也。就叫令郎吉藏吧！吉藏者，摄持善法也。"关于"吉藏"一词的意义，有三种说法：第一，吉即不二之法，以此为藏，贮畜法宝，布施群生；第二，中道正观之法，名之为吉，以此为藏，贮畜法财，施与庶品；第三，吉者善也，藏者摄持之义也。其中第一、第二涉及三论学哲理，作为摄论学者的真谛不可能预见到将来吉藏投身于三论学者之列，所以第三种说法较为可信。听完真谛大师道出儿子名字的来历，父亲大喜，对大师也是千恩万谢。

　　回到家，父亲和妻子谈起了拜见真谛大师以及大师为儿子取名的情况，听了这话，冯氏很不高兴，要知道，她对儿子所有的期望，绝没有一条是愿小吉藏将来做一个伴随青灯黄卷孑然一身的僧人啊！然而，父亲的心思却是大不一样。如果孩子将来真能做一个人天师范的法主，不也是他几辈子修来的福分吗？想到此处，父亲不由得虔诚地念了一声"阿弥陀佛"！

　　转眼过了一年多，父亲告别妻儿，毅然出家为僧了，法名道谅。他修持十分刻苦，除了化缘乞食，就是听讲佛法，以为常业，每天持钵化缘归来，总是脱去鞋袜，赤足走进佛塔，恭敬地给每尊佛像献上化缘得来的食物，然后分施给其他师兄弟，最后才自己进食，这种笃谨的行为，从无改变。

此时，三论学大师法朗正在摄山栖霞寺讲论佛法，道谅常常带着小吉藏前去听讲。虽然小吉藏年龄太小，不能完全听懂，但却表现出高出普通小孩的领悟能力，居然随闻领解，悟若天真。就在一天晚上，小吉藏做了一个奇怪的梦，他梦见有一个老僧面带笑容，伸出了金色大手轻轻地摸了他的头顶，亲切地说："孩子啊，看你眉目清秀如同青莲一般，难道不是我佛门中的威凤瑞鸟吗？如果你能舍家，将来一定会有善称的啊！"言罢倏而不见。第二天一大清早，小吉藏就将昨晚的梦境一五一十地告诉了来家中准备带儿子去听讲佛法的道谅和母亲冯氏，并吵着嚷着也要出家。冯氏一听，顿时又是气恼又是伤心，厉声呵止。小吉藏见状，跪倒在地，一脸认真地说："娘！佛经上说佛祖在未出家之前，作为王子在三次出游中，先后看到老、病、死和出家的四种景象，毅然舍弃了荣华富贵，去寻求解脱普天下众生的生、老、病、死的方法和目标。就算孩儿将来读书取得功名利禄，那也只能报答您和亲眷而已，如何比得上佛法济拔众生那么宽广呢？娘！孩儿求求您了！"母亲冯氏听到儿子小小年纪居然说出这种俨然成人的话来，先是一愣，继而走上前去，一把将小吉藏拥抱在怀，夺眶而出的泪水打湿了母子二人的面庞。"我可怜的儿啊！你年纪还小，为娘舍不得你啊！等过几年，你稍微长大一些再说吧！"懂事的小吉藏也是满眶眼泪，伸出小手，轻轻地擦拭着母亲脸庞上的泪水，说道："娘！您别难受！孩儿就算以后身在寺院，也会和父亲常常来看望您的。"此情此景，也让佛法修为较深的道谅不禁为之动容。

道谅忍住澎湃的心潮，好言宽慰冯氏："我们的孩儿天天手不释佛经，一心皈依三宝，又有召入佛门的梦境为证，这一切都预示着吉藏早晚会像真谛大师所说的那样是佛门中人。再说，我们安氏祖先也是将后世子孙献入空门的。法朗大师乃当代佛法大龙，远近闻名，恳请归入大师门下者不计其数。如今，难得吉藏与法朗大师如此投缘，我们应当成全孩子的愿望，而不该有所留恋吧。摄山离此不远，方便我们彼此探望，岂不是一举数得吗？"冯氏默默地听着，一言不发。不知过了多久，冯氏理了理过早出现白丝的云鬓，抬起头，噙着眼泪，望着自己的丈夫，轻轻地点点头。道谅端详着妻子，心里充满了愧疚。冯氏真不愧是一位通情明理的好妻子、好母亲，明知自己家族传统，还是义无反顾地嫁给了自己，生儿育女，自己舍家为僧后独自辛苦抚育小吉藏，到最后还是要默默承受夫妻、母子分别的痛苦，不禁带着发颤的声音，深情地说："真是难为你了！"此刻，任凭谁都能体会出冯氏内心骨肉分离的那种痛苦和无助。冯氏摇摇头，勉强带着一丝笑容，反而安慰起了丈夫："事实上，自从和你成亲，我就预料到总有这么一天到来。我曾经奢望能有所改变，现在看来，一切都是徒劳的。现在，经你这么一说，我也想开些了。既然我们的孩儿将来预入法流，能大作佛事，成就一番事业，那也不枉我这些年来含辛茹苦地教育他了。"听罢此言，道谅再也无法按捺激动的心情。妻子真是太伟大了！为了遵守安氏祖训，情愿承受夫离子散的巨大悲痛。此刻，道谅浑然忘却了自己是持戒修行的僧人，仿佛只是一位平凡、世俗的丈夫、父亲。他情意深长地凝视着妻子和儿子，几颗泪滴也不禁从他的脸上滑落了下来，一切似乎都凝固了……

三、垂髫出家

日居月诸，时间已经来到了梁绍泰元年（555），这一年吉藏七岁。在深秋时节的一天，道谅带着吉藏，拜别了万般不舍、泪水涟涟的冯氏，直奔摄山。苍山间点缀着片片红叶，古柏森森。林间不时传来一阵阵钟磬、木鱼声。

父子二人沿着青石台阶进了山门，只见栖霞寺殿宇巍峨，佛像慈祥，道谅法师领着吉藏过了天王殿，径直来到了客堂，此时，法朗大师已在那里了。只见法朗大师年纪五十多岁，身材颀长，慈眉善目，和蔼可亲。道谅法师上前合十顶礼，一面将吉藏唤到法朗大师面前。机灵的吉藏还未等大师开口，已经躬身跪拜了，大师微笑着点头说道："请起！请起！"显然大师也对眼前这个面容清秀、眼神清澈的小徒弟非常满意。

大师笑眯眯地问小吉藏说："孩子！说说你为什么要出家呀？"小吉藏歪着小脑袋，看着师父，说道："弟子从小跟随父母进寺拜佛，听闻只有我佛才能济度众生！故而舍家，意欲为众生拔苦与乐！"吉藏的回答令法朗大师连连点头："很好！很好！难得小小年纪，就有这样开阔的心胸！我收下你这个弟子了！"话音刚落，吉藏已是高声喊道："师父！"立刻又跪了下去行三拜九叩之礼，站在一旁的道谅法师也感动得热泪盈眶。从这一天开始，吉藏就开始了他漫长的僧侣生涯。

作为小沙弥，一开始都是从寺院基础工作做起。寺院生活是清苦的，吉藏每天要打扫佛殿、庭院，还要做其他杂活，除此之外，就是习诵佛经。但是吉藏却乐在其中，因为入佛门是他的心愿，就算再苦再累，他也不怕。他勤学好问，恭敬有礼，深得法朗大师和其他师父们的喜爱。

在师父们的指点下，年幼的吉藏如饥似渴地学习佛学知识，年复一年，吉藏阅遍了栖霞寺的佛典经论，如同海绵吸水，获益良多，佛学水平、道德修养都获得了长足的进步。

不知不觉中，吉藏已在栖霞寺度过了三个春秋。这时已经是陈武帝永定二年（558）了。就在这年，法朗大师奉陈武帝敕入住兴皇寺。作为法朗大师的爱徒，吉藏也随之前往。

此时，年仅十岁的吉藏随侍法朗大师左右，有幸聆听师父说法，自然加倍珍惜，每当法朗大师演说佛经时，吉藏总是凝神不动，唯恐错过一个字，师父所讲的一切犹如醍醐灌顶，使他境界大开。《般若经》的"本无"思想、《华严经》的"法性本净"、《百论》的"唯破不立"……一部部三论学的典籍犹如一道阳光，照亮了吉藏的心灵，启发了他的智慧。于是他足不出户，夜以继日奉诵佛经，无论是寒风呼啸的冬日，还是酷热充溢的夏天，吉藏日夜研读经论，丝毫不敢懈怠，久而久之，吉藏的佛学造诣日益精进。由于吉藏天性颖悟，好学深思，思维敏捷，长于辞令，能言善辩，慢慢地从同门师友中脱颖而出，赢得了大家的推服。

法朗大师非常喜欢这个聪明好学的弟子，常常赞叹说："此子真是出尘之器！他日承受三论深法，定是千众围绕，必超上果。三论学的继兴，看来确乎不远了。"大师认为吉藏将来必能担当使三论学兴盛的大任。

四、讲经论辩

时光飞逝，斗转星移。此时已经是陈朝的第三任帝王临海王光大元年（567）了。这年，吉藏已经是十九岁的青年了。由于学业优异，法朗大师有意安排他讲经。

这是初春的一天，虽然建康城的空气中还弥漫着丝丝寒意，但阳光十分灿烂，四面八方的僧俗两道之人把大雄宝殿挤得满满的。吉藏一身干净的僧袍，端坐在法座上。众人但见吉藏神气环异，眉高隆准，颐峭眸碧，而瘦露奇骨，真是梵容也。听众顿时心怀敬畏，全殿鸦雀无声，只有吉藏高亢的声音在佛殿中荡漾："各位大德、居士，今天我们在此共同研习一部在大乘佛学中非常重要的著作，那就是印度中观学大师提婆菩萨的一部著作——《百论》。《百论》者，盖是通圣心之津途，开真谛之要论也。本论内容继承龙树菩萨《中论》之说，以大乘佛教之空、无我等义理，破斥数论、胜论等外道之执见……"吉藏没有辜负师父的期望，他才思清敏，词若芳兰，口若悬河，引经据典，只说得听者忘倦、讲者忘时，法朗大师也是连连拈须点头。直到讲经结束，听众才依依不舍地离去。

从此，吉藏声名鹊起，成了建康城乃至江南一带深受尊敬的年轻名僧。两年后，吉藏受具足戒，并开始坐夏。所谓坐夏，就是僧人于夏季三个月中安居不出，坐禅静修。由于当时正值雨季，所以也称"坐雨安居"。这样，吉藏正式成为一位比丘了。在此后，吉藏一如既往地读书精勤，博综群经，游刃三藏。法朗大师也对吉藏青睐有加，经常安排吉藏开讲经论，吉藏以其渊博的佛学知识和爽朗出众的风采形象地为僧俗讲授大乘中观之学。中观学在佛理方面确实有其独特之处，十分契合南朝佛教偏重义理的风气，再加上吉藏辞藻精绝，受到四方僧俗的普遍欢迎，因此，兴皇寺僧俗云集，声名日隆。当时建康城的一班著名法师也纷纷对吉藏表示佩服，赞誉之声四起。吉藏的大名也传到了陈朝的王室那里，桂阳王陈伯谋就是其中一位。桂阳王耳闻吉藏大名，第一次见到吉藏的文采风流，就十分钦慕他的学问，对他特别尊敬，经常就佛法问题向吉藏请益。就这样，吉藏以其独特魅力吸引着各个阶层听众，时常有俊彦之士造访吉藏。

当时，除了兴皇寺法朗师徒大弘三论学名满江南之外，年长吉藏九岁的智颚也在京城进行弘法活动，据说是丛林服膺，朝野请益成蹊，陈太建元年（569）被朝廷迎住瓦官寺。智颚何许人也，居然受到朝廷高规格的礼遇呢？智颚（538～597），陈、隋时代的一位高僧，世称智者大师，是中国天台宗的开宗祖师。俗姓陈，字德安，荆州华容（今湖北潜江）人。父亲是梁朝的官吏。十七岁时，值梁末兵乱，家庭分散，颠沛流离，遂在荆州长沙寺佛像前发愿为僧。十八岁投湘州（今湖南长沙）果愿寺法绪出家，授以十戒，师父叫他去慧旷律师处学律。二十岁受具足戒。这时他已精研律学，深好禅观。陈文帝天嘉元年（560），听说慧思禅师从北方南下，居于光州（今河南光山）大苏山，他就前往请益。慧思为他演说四安乐行，他日夜勤习，造诣甚深。二十三岁拜慧思为师，修习禅法，证得法华三昧。陈光大元年（567），慧思临去南岳时，嘱他往建康城弘传禅法，他就和法喜等二十七人一同东下，到达京城讲禅。智颛住瓦官寺前后八年，除讲《法华经》以外，还讲《大智度论》和《次第禅门》（《释禅波罗蜜次第法门》），写出《六妙法门》等。陈太建七年（575）离开建康，入天台山（今浙江天台），以后开创了天台宗。智颛在《次第禅门》一书中着重探讨了禅法实践，这就和南方重义理的佛学有了很大的不同。

智颛的思想从源头上讲也有龙树的理论，但也加入了北方佛教禅法的内容，而对于法朗大师等三论学者来说，他们也并非特专于义学，而是兼习禅定。对于智颛在佛学上取得的成就，法朗从心眼里为他高兴，这既是因为彼此都是以弘扬佛法为宗旨，同时也欣慰江南又出了一位佛门后起之秀。但另一方面，眼见智颛风头正劲，是唯一能和三论学派在佛理上旗鼓相当的同道，法朗大师有意要去考量智颛一番，看看他是否有真才实学，他的理论到底是何种内容，同时，也要比较一下两派之间在佛理和禅法方面的异同。

当然，法朗大师以自己德高望重的辈分，亲自与三十多岁的智颛当面对论，岂非自失身份？这是万万不行的。为今之计，最好是找几个门下弟子前往。法朗大师门下共有十三人，除了吉藏之外，成器传灯人还有慧哲（539～597）、智炬（一作智矩，535～606）、明法师等数人。

慧哲，俗姓赵，襄阳（今属湖北）人。为人沉稳，威仪容止，合乎法度，曾在路上，忽遇雷雨滂沱，慧哲却仍旧从容如常，不失规矩，即使僧服、僧鞋淋湿殆尽也不察看，从容照常，如大象行走，所以时人呼为"象王哲"。

智炬，俗姓吴，吴郡（今江苏苏州）人。生性矜庄，外貌出众，又善草隶，偏爱文章，每次会友，辄吟诗作文，铺词横锦，思如泉涌，讲经辩论时，口若悬河，对手望风顿怯，口才被建康城推为第一，名声在吉藏之上。

明法师，生卒年不详。学识卓越，但"口无谈述，身无妄涉"，属于讷言敏行一类人。

法朗大师遍观门下的众多弟子，慧哲威严沉稳，明法师讷于言，均不适合当众辩论。智炬与智颉年岁相当，甚至还长了三岁，似乎有失风度。思前想后，法朗大师觉得吉藏最为合适。虽然吉藏与门下的其他几位出色的弟子相比，入门时间迟了不少，但综合各方面，吉藏无论在佛学修养，还是在口才上，都基本能与同门师兄并驾齐驱。另外，这次也是吉藏难得的历练机会，不妨以吉藏领衔，几位师兄弟压阵，去跟智颉、法喜等人辩论。

一天夜间，法朗大师将吉藏等众弟子唤入了方丈室，传达了与智颉等人进行辩论的安排。师父此言，可谓正中吉藏等弟子下怀，他们个个摩拳擦掌，豪言定当不辱师门，扬我三论之学。吉藏心里也颇为激动。这几年来，通过法朗和弟子们的不懈努力，三论学吸引了越来越多的信众，逐渐呈现出兴盛的局面。唯一能与之相颉颃的就是智颉的学说，由于一直忙于读经讲经，竟然没有机会去聆听智颉的讲法。这次师父亲自任命自己作为主要的论辩者，实在是一次难得的机会。吉藏对于自己的能力一直是深信不疑的，但此次面对的智颉，却是个十分强劲的对手，吉藏丝毫不敢大意。接下来的一段时间，吉藏等人除了日常事务外，就积极地为论辩作充分的准备。

时间过得真快，转眼约定论辩的日子来到了。这天的瓦官寺显得异常拥挤，寺内外人头攒动，其中既有普通百姓，也有富豪之家、达官贵人。原来早在好多天之前，建康城内就有人到处在宣扬当今最负盛名的两位佛门俊杰要进行一场激烈的论战。那些信众纷纷在议论此次论战的胜负。这个说吉藏会略高一筹，那个说智颉必胜无疑。正当人们争论得不可开交之时，不知哪个眼尖的高喊："大家快看，吉藏大师来了！"众生循着喊声的方向，纷纷扭头张望。但见吉藏及其同门面带笑容，缓缓走向瓦官寺山门。这时，智颉早已率同门和弟子恭候在山门之前，一见吉藏等人，赶忙上来施礼。对于此次论辩，智颉一点都不敢怠慢，他多次听说三论学理论严密，义理深邃，词锋犀利，他们的代表人物吉藏的大名，智颉也是耳闻已久。自从双方约定辩论后，智颉一有空闲就做应战准备。

宾主一寒暄，不约而同地为对方风度所折服。双方进入寺中说法堂，宾主坐定，开始辩论佛学中重要的概念——"空"。吉藏说："龙树菩萨讲一切诸法之实相乃毕竟空也。"智颉摇头说道："不然！诸法当体即为实相也。"吉藏反驳说道："道兄此言差矣！《中论》劈头即曰：'不生亦不灭，不常亦不断，不一亦不异，不来亦不出，能说是因缘，善灭诸戏论，我稽首礼佛，诸说中第一。'青目菩萨对此释云：'所谓一切法不生不灭不一不异等，毕竟空无所有。'肇法师《不真空论》的开篇就明确指出：'夫至虚无生者，盖是般若玄鉴之妙趣，有物之宗极者也。'可见，佛典无不主张以空破诸法，使无遗余，不执于一物……"智颉对此也不以为然，并作出反击。二人钩深致远，穷究理窟，一直谈到日影西斜，仍毫无倦意，只得相约第二天再行舌战。就这样，双方的辩论持续了半个多月，双方都无法令对方屈服。但是这次论战，使得吉藏和智颉两人的声望更高了。除了个人荣辱之外，如果从三论学派和天台学派竞争关系上着眼，则此次论辩并未使新近崛起并一度风靡的天台宗占据上风，从这个角度上可以说吉藏此次的表现有力地捍卫了三论学在南朝首都建康的优势地位。

五、初任住持

陈朝的统治区域虽然不如以前，但社会尚算安定，柔美温婉的江南，着实是修身养性、恬静读书的一方净土。正值黄金年龄的吉藏佛学造诣日益深厚，但是这些年来，法朗大师的身体却每况愈下。陈宣帝太建十三年（581）九月二十五日中夜，法朗大师圆寂，享年七十五岁。

就在去世前的一天，大师召集所有门人，平静地嘱咐众弟子，要他们务必以弘法为大愿，在学业上不断精进。众弟子悲慨万分，个个流着热泪聆听师父最后的吩咐。吉藏也是泪水满眶，想起多少年来朝夕侍奉在师父身边的日子，多少次聆听师父的教诲，多少次以弘扬三论学为期许，师父对自己恩同再造，此生也难以偿还。

最后也最重要的是衣钵托付，大师当众宣布："诸位谛听！为师命不久矣。兴皇寺需要一个新住持，你们可以自我举荐，然后众人评比，看谁是最适当的人选！"随后，大家纷纷举手，自我推举，希望成为新住持。只有吉藏等几位师兄弟心头沉重，默默不语。然而，这些自荐者却并不合法朗大师之意，只见大师时不时地微微皱眉摇头。

众人眼见僵持不下，纷纷转向法朗大师，要求大师推荐人选。大师拖着病体，咳嗽几声，尽力洪亮自己的嗓音，朗声说道："如果让我推荐，我举荐你们的明师兄作为为师的嗣法人！"话音刚落，众人面面相觑：本寺僧人不下千人，法号中有"明"的师兄也有好几位，到底是哪位呢？法朗大师见众人迷惑，微微一笑："就是平时站在我法座东面那根柱子之下的。"话音刚落，众人惊骇，立即纷纷议论起来。这是为什么呢？前文介绍过法朗大师有一位得意弟子就是明法师。他为人谦逊，沉默寡言，不沽名于世，同门鲜有人了解其真实水平，故称之为"痴明"。如今师父却让他来做嗣法人，如何不让众人疑惑不解？大家窃窃私语，都说："这是师父刻意在扶持他呢。"

明法师也万万没想到师父会任命自己，流着泪坚决推辞。

法朗大师是深知明法师苦研三论典籍，曾八年不出寺门，学问精博，堪任住持之职。大师早料到众人不服，决定当场考核明法师的三论学，于是问以《中论》十科意义，明法师一一讲解，这时众人才心服口服。然而，明法师却并不愿意当住持。次日，他深深拜别了法朗大师，怀着无法送别恩师的悔恨之情，带着自己的门下离开了摄山，入住茅山（今江苏句容和金坛交界处），终生不出，盛弘三论。

就在明法师出走的那天，法朗大师也已处弥留之际，众弟子都守护在病榻之前。法朗大师虚弱地说道："你们明师兄不肯接任住持，以后本寺就由吉藏掌管吧，相信大家并无异议吧？你们往后同心同德，拥戴吉藏，共同发扬三论之学！"说完，又对跪在床前的吉藏说："吉藏啊！今后，弘扬三论学的重任就托付给你了。你要牢记为师之托啊！"吉藏流着泪，难以言语，只能默默地点头，同时，感到自己肩上的担子沉甸甸的。他心里暗暗对佛发大宏愿，一定要将三论学弘扬光大，以不辜负恩师的重托。

法朗大师的圆寂，使整个兴皇寺陷入了深深的悲痛之中，就连大师畜养在寺中的鹅鸭鸡犬之类仿佛也通人性，平时鸣吠喧乱的它们也寂寂无声。众僧在九月二十八日将大师骨灰安葬在栖霞山西岭。

法朗大师不仅是三论学巨匠，也具天人仪表。他将信众施舍的钱物，全部用于写经、造像、修治寺塔、救济穷厄的百姓，每次在路上行走见到被遗弃的鸡鸭狗等动物，无不将它们好好收养起来。

一代大师的圆寂在陈朝引起了巨震。皇太子陈叔宝为大师撰写了颂文，侍中领军庐陵王陈伯仁曾从大师受戒承戒，撰写了铭颂，陈朝大文学家、太子詹事济阳江总撰写了墓志文。

此后的几年中，吉藏的几位师叔也相继仙逝。陈后主至德元年（583），慧勇寂于大禅众寺。祯明元年（587），慧布寂于三论学祖庭栖霞寺。

师父和师叔的寂灭，使吉藏深深感到三论学面临着凋零的危险，他决定要将自己对三论学义理的理解作系统的总结，形诸文字，以广流传。

此时的中国，正处于大一统的前夜。北方的隋朝正在厉兵秣马，从当时的局势来看，隋朝南下并灭陈朝已是时间问题了。但是统一战争，又要让江南的百姓流离失所，生灵受到涂炭，佛法饱受摧残。

面对一触即发的战争，吉藏一方面密切关注着时局变化，一方面开始为保护寺院财产而紧张工作。

隋文帝开皇九年（589）正月，隋军从南北两道夹击建康。城里人心惶惶，富家大户收拾家当，仓皇逃离了建康城。许多寺院的僧人来不及携带寺院财产，匆匆出走了。

面对建康城混乱的局面，吉藏处乱不惊，首先，他下令全寺僧人严阵以待，日夜守候寺院，以防士兵、强盗趁火打劫，破坏寺院。他率领众弟子到各寺院去收集佛经。吉藏深深知道，寺院毁坏了还能重建，僧人离开了还能回来，但佛经一旦被毁，却是无法弥补的。那时候的典籍，都是人们一个字一个字地手抄出来的。几千部的手抄佛经毁于战火，那是多么巨大的损失啊！吉藏此时心中想的并非是个人生死，他心中抱着护法的坚定决心，就算舍弃自己的生命，也要保护好佛教三藏。

经过一段时间冒着纷飞的战火、日日夜夜的收集，吉藏等人将建康城里大大小小寺院所能发现的佛经通通都储藏在兴皇寺的三间堂中。在吉藏的指挥下，众弟子们对这些佛经进行了清理、辨别、排序，一本本、一函函，整齐地排在书架之上。经过吉藏的不懈努力，三间堂里庋藏的佛经蔚为大观。这些宝贵的资料，使吉藏领略到佛教传入中土以来各学派的教法、教义，以及各自的传承源流、学术特征。他十分珍惜这个难得的机会，全身心地在佛学海洋中遨游。白天他讲经说法，每当夜幕降临，就独自殚心研读佛经，就这样，油灯陪伴着吉藏度过了一个个不眠之夜。这为以后吉藏撰写三论学理论著作打下了坚实的基础。

六、理论初成

古人说合久必分，分久必合。隋朝平定了陈朝全境，至此南北复归于统一。江南的百姓重新过上了和平安定的日子，寺院又恢复了往日的生机，兴皇寺也是香烟缭绕，塔铃声声。对此吉藏由衷地感到欣慰。

就在兴皇寺佛教事业蒸蒸日上之时，隋文帝开皇十一年（591），吉藏依依不舍地离开了生活了三十多年的建康城，带着几名弟子前往会稽郡（今浙江绍兴）嘉祥寺担当住持。此次前往，吉藏是抱着进一步扩大三论学在中华大地的影响的目标而去的。因为他深深知道，三论学要想获得更多信众的接受和信奉，就不能局限于建康一隅，而必须要走出去，到更广袤的天地去弘扬三论学。此次去会稽，只不过是吉藏实现宏伟目标的第一步。

吉藏等人一路跋山涉水、风餐露宿，终于远远望见了秦望山。此山因当年秦始皇南巡时，登临此地，远望南海（今杭州湾）而得名。秦始皇君临天下，志得意满，命丞相李斯在秦望山巅留下小篆《秦会稽山刻石铭》（俗称《李斯碑》），歌颂秦德。

秦望山与佛教也有着深厚的渊源。早在东晋时期，就有云门寺、嘉祥寺、法华寺等寺院修筑在此山。嘉祥寺最初建于东晋宁康元年（373）至晋太元三年（378）间，会稽郡长官王荟为迎接高僧竺道壹居之而舍宅创建嘉祥寺。当时，高僧竺道壹自平江（今江苏苏州）虎丘山东适秦望山下若耶溪，与高僧帛道猷（云门寺住持）相会林下。王荟慕道壹之风德高远，特创嘉祥寺，请其上居僧首。竺道壹在嘉祥寺期间，抽六物遗于寺，造金牒千佛像。竺道壹精研佛理，博通内外，又律行清严，故四远僧尼、八方德众咸依附咨禀，时人称为"九州都维那"。自竺道壹以降，五百年间，高僧相继，大师纷至，佛风弥扇，著名僧人慧虔、昙机、慧皎等纷纷住于此寺。

秦望山以其雄伟瑰丽的山水、浓浓的佛教氛围，深深吸引了吉藏，他感觉这座幽远清静的山林，足以使人浸入空明沉静的心境之中，这真是一个清修的好地方啊！

三论学高僧吉藏来到嘉祥寺的消息早已传到了寺中的上上下下，合寺僧众早早列队迎候了。吉藏入寺之后，就在众僧的陪同下游览了寺院。嘉祥寺果然是浙东的大寺，整个寺院规模宏大，殿阁错落，高低有序，别致可观。

入住嘉祥寺没几天，吉藏不顾一路舟车劳顿，开始升座讲法了。秦望山方圆数十里的僧俗听到这个消息，不约而同赶往嘉祥寺，齐聚在说法堂内外，人数不下一两千人。当天的说法堂幢幡飘舞，宝盖飞辉。只听一阵佛号喧哗，吉藏在众僧的导引下，缓步走向法座。只见吉藏善口微开，敷演大法，讲的是大乘妙典《大品般若经》。众人屏住呼吸，但听得吉藏浑厚的嗓音说道："《大品般若经》者，全名为《摩诃般若波罗蜜经》。言摩诃般若波罗蜜经者，此有四句，一摩诃、二般若、三波罗蜜、四修多罗，虽有四句，只成一句，今离为四句释之。初云摩诃者，此是外国语。外国语通今明正是中天竺语。彼国云摩诃或云摩醯或云优婆，翻译成华言，就是大也。次释般若义。般若亦是天竺梵音。此词翻译也有多种……"

吉藏敏捷的思维、超人的智慧、渊博的知识、出色的表达能力，深深地打动了每一位听众，真可谓是花雨缤纷，梵音鼓荡。

吉藏在嘉祥寺的七八年中，讲演三论，广开法席，来听讲者千人，一时问道受业者不绝于途。这真所谓"志在传灯，法轮相继"，原本相对清寂的大禹陵也变得热闹起来，整日车水马龙，人声鼎沸，犹如闹市一般。看着三论学在浙江地区的信徒越来越多，吉藏更坚定自己当初远道而来的初衷是正确的。

此时的吉藏已年过不惑。经过数十年的潜心钻研，他自信已经对三论学相关问题有了较为成熟的把握，是时候著书立说，阐发心得，从而建立三论学理论体系了。于是每当夜阑人静之时，吉藏的方丈室即透露出一丝灯光，他在通宵达旦地奋笔疾书。

首先，吉藏要为《大品般若经》作义疏。此经是三论学者十分注重的一部佛经。自三论学的始祖龙树、鸠摩罗什等都极为重视此经。僧诠曾说此经佛法精深，如果有人能领悟此经奥妙，无须走出房门，就有开示。僧朗在摄岭山中六年不讲余经，唯讲此经。吉藏认为此经好讲，因为已有著作解释此经。一是《中论》《百论》《十二门论》通论此经之心髓，二是《大智度论》释此经本义。另外，鸠摩罗什等人对此经也有重要阐释，可作为参考。最重要的一点是此经主要宣扬甚深的般若义理和广大的菩提心行。所谓甚深般若义理，就是在一切法毕竟空中建立起来的空有不二的妙理；所谓广大菩提心行，就是普度众生的广大的悲心宏愿。以上两点思想是三论学说的主要来源。

隋文帝开皇十五年（595）正月二十日，经过几年夙兴夜寐的辛勤撰写，吉藏终于撰成了《大品经义疏》十卷。此书对《大品般若经》作了全面的注释。

接下来，吉藏准备对《法华经》作出诠释，书名就叫《法华玄论》。吉藏对《法华经》的注重，还要上溯至他青年时期在建康跟随法朗大师学习之时。此后，吉藏一直没有放弃对此经的研读和宣讲。他认识到此经主要说佛陀显现各种化身，以种种方便说微妙法，重点在弘扬"三乘归一"，即声闻、缘觉、菩萨之三乘归于一佛乘，调和大小乘之各种说法，以为一切众生皆能成佛。因此此经实乃众圣之喉襟，诸经之关键。为了使嘉祥寺的众僧以及自己能更全面深刻地理解《法华经》义理，吉藏决定以嘉祥寺全体僧众的名义邀请在天台山修持的智顗来寺演说《法华经》。吉藏对智顗这些年来在佛学上的造诣是了解的，之前也数次通信问候。智顗到开皇十五年（595）为止，已完成了《法华文句》《法华玄义》和《摩诃止观》"天台三大部"。为此，吉藏在开皇十七年八月二十一日驰书智顗，信中情文并茂地写道：

吴州会稽县嘉祥寺吉藏稽首大师：

伏闻山号崔嵬，道安大师登而说法；峰名匡岫，慧远法师栖以安禅。但也不如大师您所居的天台山来得宏丽。您在此山栖凭二十余载，禅慧门徒化流遐迹。如果不是您道参穷学，德侔补处，岂能经论洞明、定慧兼照呢？至如周公殁后，孔丘命世；马鸣化终，龙树继后。您作为慧文、慧思二位大师的传人，也像孔丘和龙树菩萨一样。希望您看在当年我们在瓦官寺论辩的因缘上，我恭谨地和嘉祥寺禅众一百余僧，奉请大师您枉驾嘉祥，演畅《法华》一部。伏愿开佛知见，耀此重昏；示真实道，朗兹玄夜。

但是此时的智顗已是年老体衰，身感重病，吉藏之邀，已无力赴约。这一年的十一月，智顗便坐化了。

听到智顗圆寂的消息，吉藏心中备感悲痛，脑海里一幕幕闪过自己与智顗在建康的辩论情形以及两人结下的深厚友谊。未能亲耳聆听智顗对《法华经》的看法，吉藏深感遗憾。

在这里需要提起一个公案。那就是吉藏是否向智顗及其传人灌顶学习过天台奥义。对于这个公案，历来众说纷纭。

道宣（唐代律宗创始人）《续高僧传》、唐僧惠祥《弘赞法华传》、志磐（宋代天台宗僧人）《佛祖统纪》等都说吉藏属于天台宗一派。比如《续高僧传》说："有吉藏法师，兴皇入室，嘉祥结肆，独擅浙东。闻称心道，胜意之未许。求借义记，寻阅浅深，乃知体解心醉，有所从矣。因废讲散众，投足天台，餐禀《法华》，发誓弘演。"《佛祖统纪》说："郡中有嘉祥吉藏，先曾疏解《法华》，闻章安之道，废讲散众，投足请业，深悔前作之妄。"又说："禅师吉藏，金陵人。七岁依兴皇朗法师出家，咨决大义。后游会稽止嘉祥寺，讲演《法华》，自著章疏。智者再归天台，师与禅众百余人奉疏请讲《法华》不赴。暨章安（灌顶）弘法称心，因求《法华玄义》，发卷一览，即便感悟，乃焚弃旧疏，深悔前作，来投章安，咨受观法。"

以上这些记载将吉藏描述为因敬重智颢《法华经》妙解而投身天台宗，这或是道听途说而误解，或是贬低他宗，抬高己派的一种做法，不可尽信。对此，妙一法师有详细论证。

第一，吉藏重视《法华经》有其师承。吉藏出家后就和师兄道庄、智锴、真观等跟随法朗大师学习过《法华经》，并且真观跟随法朗大师学习之处就以《法华经》问摩诃衍义为证。法朗称赞真观说："吾出讲八年，无一问至此。"可见法朗法师讲过很长一段时间的《法华经》。另外，吉藏的师叔慧勇法师亦讲《法华经》"数部不记"。以此看来，早期的三论祖师对于《法华经》是足够重视的，而吉藏直接的师承关系，应是他重视《法华经》的先决因素。

第二，各书都说吉藏曾"求借义记""因求《法华玄义》"，事实上这个说法也不能成立。所谓"义记"，应是跟《法华经》有关的笔记或讲义。灌顶没有关于《法华经》的专门著作，那么这个"义记"就是跟智颢有关。智颢所说、灌顶整理成书的《法华经》只有《法华文句》和《法华玄义》二种。此前，灌顶曾在祯明元年（587）金陵光宅寺听智颢讲过《法华经》，并且整理成书，即后来的《法华文句》。但在《法华文句》的开卷，灌顶就说："余二十七岁于金陵听受，六十九岁于丹丘添削。"然而灌顶圆寂于唐太宗贞观六年（632），世寿七十二。六十九岁"添削"笔记，整理成《法华文句》时，已经是贞观三年（629），这时吉藏早已去世［吉藏卒于唐高祖武德六年（623）］。所以说借观《法华文句》是不可能的。那么会不会是《法华玄义》呢？也不可能。《法华玄义》是智颛开皇十三年到十四年（593~594）在湖北玉泉寺时讲，灌顶亦听受在侧，并于后来整理成书。

史书又说吉藏在嘉祥寺时"闻称心道"，这也与灌顶前后行踪有矛盾。有人认为灌顶在称心精舍开讲《法华经》是在开皇十六年（596）。而智颛在开皇十五年在金陵撰写《维摩经》注疏，第二年春天返回天台山。灌顶在开皇十七年接掌湖北玉泉寺。而智颛在开皇十七年冬天恰恰在石城（今浙江新昌）病重，且灌顶悉心照料，随侍在侧。可见在这几年间，灌顶一直都忙于在老师的身边听习、掌管寺庙，为老师的圆寂而奔波于浙江和湖北之间，而常住会稽讲经，产生影响，并引起当时的义学大师吉藏的关注，显然是不太可能的。

第三，史书说吉藏废讲散众，投足天台不能成立。假如灌顶在开皇十六年在称心精舍讲经，则与吉藏邀请智颛到嘉祥寺讲经这件事在地点上相矛盾。吉藏在嘉祥寺的活动时间是590年到599年之间。前面我们说到吉藏写信邀请智颛是在智颛圆寂前不久。智颛597年在石城寺圆寂，596年曾回到天台山。而这时说吉藏596年因阅讲义而"投足天台"，则在地点上相矛盾。如果吉藏596年就在天台山，又何必写信邀请。

第四，如果吉藏真的投足天台，那么他的著作中肯定会体现出天台宗思想。但在成书于596年以后的《三论玄义》《胜鬘宝窟》《净名玄论》等著作中并没有见到受天台思想影响的明显痕迹。

总而言之，所谓吉藏放弃三论而从学天台这个历史公案，疑点重重。

虽然吉藏未能聆听到智颙讲学，但并不妨碍吉藏对《法华经》的钻研。又经历了几个春秋，十卷《法华玄论》终告完成。吉藏在此书中分弘经方法、经文大意、释名、立宗、决疑、随文释义六个方面对《法华经》予以诠释。在此后的日子里，吉藏仍然对《法华经》不停地探索，并撰成了多部有关此经的论疏。随着在江南地区的影响越来越大，吉藏也被人们尊称为"嘉祥大师"。

隋文帝开皇十九年（599），当时的晋王、扬州总管杨广以吉藏名解著功，邀他前往扬州主持慧日道场。原来，杨广为了笼络江南民心，利用释道两教，在扬州设立了尊奉佛教、道教的四道场（慧日、法云两佛寺，玉清、金洞两道观），广泛延请释道界著名人士主持道场。道场，就是寺院。智颙之后，吉藏俨然是江南地区佛教领袖，自然为杨广所看重。经过多年努力，以嘉祥寺为中心的浙江地区已普遍接受了三论学的熏陶。扬州作为江淮重镇，交通便捷，商业发达，人口富庶，佛风浓厚，是宣传三论学的理想区域。基于以上的考虑，吉藏将寺务交于弟子智凯，毅然决定赶赴扬州。

吉藏甫抵扬州城，就受到了杨广的热烈欢迎。杨广亲自将吉藏引入总管府，为他接风洗尘，并恭敬地表示说早在当年攻占建康时，即已听闻古藏大名，只是戎马倥偬，未能当面拜访吉藏，此次敬邀吉藏主持慧日道场，希望能跟随吉藏学习三论学。为了表示对吉藏的敬仰之情，杨广特别赐给了慧日道场格外优厚的财物。

吉藏在慧日道场除了讲论三论，教授弟子外，还埋头撰写了酝酿已久的著作——《三论玄义》《胜鬘宝窟》《华严游意》，可谓成果不断。

《三论玄义》一卷（或作二卷），是介绍《中论》《百论》《十二门论》的概要。主要对外道、大小乘佛教的"迷执"进行破斥，以显三论宗的"诸法性空"和非有非空的中道之理。

全书分"通序大归"和"别释众品"二门。通序大归中，说三论的立意，不出"破邪显正"二途。"别释众品"中，初明造论缘起，次述诸部通别、众论立名及其旨归，末则就三论敷演宗要。

《胜鬘宝窟》，又称《胜鬘经宝窟》，六卷，是《胜鬘经》注疏中最详尽之作。此书首先明示五玄义，即解释经题、叙述缘起、辨别宗旨、阐明教之不同、论释经之分齐等。其次以叹如来真实义功德、受十大受、无边圣谛、自性清净、胜鬘师子吼等十五章，阐论《胜鬘经》要旨。

《华严游意》，又称《华严经游意》，一卷。此书站在三论学的立场，由化主、化处、教门、徒众四方面，论华严教学的佛身、佛土、因果等问题，并就卢舍那佛与释迦牟尼佛的关系，评论南方论师之二佛一致说及北方论师之二佛相异说，叙述形式虽复杂难解，但对各问题却有明白教示。

吉藏通过数十年的内心体悟，融会贯通，博采众长，经过将近十年的勤奋撰述，终于完成了五部义疏，表明吉藏对三论学探索的理论体系初步形成。

七、三论创宗

由于吉藏深湛的三论学造诣，杨广又诚邀他主持京城大兴城的日严寺，希望吉藏及其三论学道振中原，行高帝壤。对此，吉藏欣然接受。这是一个千载难逢的机会，原本发祥于关陇一带（今陕西关中盆地以及甘肃部分地区）的以鸠摩罗什、僧肇等人为代表的三论学在北方一直以来却是法脉不振，远远比不上毗昙、地论等学派。而由于数百年的南北分裂，在南方开花结果的三论学也一直没有机会回流北方。这次终于有机会将三论学的种子撒到中原大地，并让它生根发芽，这怎不令人激动和振奋呢？

隋文帝开皇二十年（600），吉藏晓行夜宿，星落鸟飞，终于到达了大兴城日严寺。日严寺位于城内东南隅的青龙坊，与曲江池、杏园、乐苑相邻，是当时极负盛名的寺院。

吉藏以及三论学在北方显然也是如雷贯耳。当他在京城讲法时，僧尼道侣、行商坐贾、公子王孙、墨客文人、大男小女云奔而集，一路上幡花相迎，争睹吉藏的风采，以致道路充塞。而吉藏风神俊逸，辩才出众，所谓"见其状则傲岸出群，听其言则钟鼓雷动"。在辩论法会上，吉藏向那些论主提出问题，常常只要几个回合的辩论，就问得那些论主缄口卷舌，回车复路。在当时京城佛教界中，几乎没有人能与他相匹敌，所到之处都受到隆重欢迎。当时京城佛界崇重《法华经》，吉藏即为大众讲解此经，盛极一时。

当时京城里有一位昙献禅师，少年出家，遍游京洛、西域各地，精通佛理，在京城佛教界很有影响。一天，昙献登门拜访，原来他是为寺院扩建而缺少资金的事向吉藏求助，希望吉藏能移驾该寺，讲解三论，以募集资金。对此，吉藏慨然应允。一时间，前去听讲的人成千上万，把整个寺院挤得水泄不通，只好临时在露天再开讲席，以满足听众的需要。"豪族贵游"与"清信道侣"纷纷倾囊布施，以致财物堆积如山。吉藏在满足日常所需之外，将这些财物全部散建各类福田。所谓福田，即可生福德之田。凡敬侍佛、僧、父母、悲苦之人，都能得到福德、功德，就如同农人耕田，能有收获，因此以田为喻，而佛、僧、父母、悲苦之人，即称为福田。据佛典记载，受恭敬之佛、法、僧等，称为敬田（恭敬福田、功德福田）；受报答之父母及师长，称为恩田（报恩福田）；受怜悯之贫者及病者，称为悲田（怜愍福田、贫穷福田），合称三福田。其他所剩下的财物，全部放入无尽藏，委托昙献掌管。无尽藏，是中国古代佛教寺院所设置的金融机构的名称，或称无尽、寺库、质库、长生库、解典库、解库。"无尽"，原意谓德极广。

"藏"，指包含无尽之德。中国佛教寺院设置无尽藏之制，始于南北朝，而盛行于唐代。设置的目的，原在社会救济，就是以信众所施舍的财物为基金，在发生饥馑时借给贫民，借贷时不须立字据，利息极低，且以不定期限方式归还，所以很受欢迎，相当盛行。

隋文帝仁寿年间（601~604），曲池地区有一尊佛像，身高百尺，是很早以前有人发起修建的，但由于财力不足，一直未能建成，吉藏听说后，立誓修建此像。四方信众获此消息后，在短短十天内纷纷施钱捐物，最终了却了吉藏重建的宏愿。吉藏很有福报，因此他所要做的事，都能顺利成功。

在此期间，吉藏除了高扬三论学之外，继续专注于名山事业，将自己对佛法和三论学的体悟，化为一部部文字般若。隋文帝仁寿二年（602），文帝敕命吉藏撰写《净名疏》《中观论疏》和《十二门论疏》。仁寿四年，文帝又命吉藏写作《维摩经义疏》。隋炀帝大业元年（605），吉藏开始抄写《法华经》，共达两千多部。大业四年，在吉藏花甲之年，《中观论疏》《十二门论疏》和《百论疏》得以完成。

《中观论疏》，又作《中论疏》，十卷（或作二十卷）。主要解释青目注释之《中论》。内容首先解说僧睿的《中论序》，然后逐一详释《中论》二十七品。在对每一品作阐释时，作者总是先说明龙树之所以立该品的用意。全书采用传统的科文，也就是将每一品分成几个不同义理的段落来分别说明。

《十二门论疏》，三卷（或作六卷）。内容首先解释僧睿《十二门论疏序》，然后设释名、次第、根本、有无、同异五门。"释名门"是解释本论（《十二门论》）的题号及观因缘门之名；"次第门"叙十二门的生起次第；"根本门"阐明大乘之乘、本诸法实相及一乘佛性之义；"有无门"述龙树《无畏论》《中论》及本论制作的先后、本论偈颂与《中论》偈颂的同异；"同异门"辨《中论》与本论文义之同异及长行的作者。

继而随本论文字内容加以疏释。

《百论疏》，主要破斥摄论、十地、地持三师之说。内容首先详释僧肇的《百论序》，然后述说各品大意，阐明品目，并随文解释。其中，第一《舍罪福品》初显佛道之要谛，第二《破神品》说众生空，第三《破一品》至第九《破常品》说诸法空，第十《破空品》则是破空见。

以上三部著作的完成，标志着吉藏三论学说理论体系的正式形成，从此，一个体系完整、理论严密、观点鲜明、影响巨大的独立佛教宗派——三论宗创立了，而吉藏无疑是这个宗派的实际创始人。

隋炀帝的次子齐王杨暕久闻吉藏之盛名，但不知吉藏学问究竟有多高深，有心要掂量一下。大业五年（609），他终于有机会延请吉藏到王府去，并邀请了当时京城著名学士六十多人，其中不乏辩论高手，举办了一场规模宏大的辩论会，请吉藏为论主，想试探一下吉藏的佛学水平。吉藏镇定自若，从容走上法座。他开题命章，对辩论会的情形即席描述说："以怯惧之心，登无畏之座；以木讷之口，作欢娱之谈。"类似这样的话他一连说了数百句，仍然滔滔不绝。吉藏吐语清晰有力，琅琅然，如金石掷地，丝毫未显老态，令一旁的齐王大为叹服。他情不自禁地从座榻上站了起来，小声对身旁的学士傅德充说："吉藏大师虽然尚未与大家论辩，但仅仅以上这一番宏论，恐怕很难有人能赶上他了。"傅德充也附和道："正是正是！久闻吉藏大师出口成章，落笔成论，今天终于真正领教了，果然名不虚传。"齐王及诸同僚异口同声称赞吉藏，深表钦佩。

就在大家纷纷赞扬之时，一位老僧从座中站起，合十道："老衲不才，愿先抛砖引玉，有几个问题向大师指教！"老僧话音刚落，全场立刻安静下来，定睛一看，原来是僧粲大师。说起这位僧粲，来头可着实不小。他是汴州陈留（河南开封）

人，俗姓孙，少喜游学，遍访齐、周、陈诸国讲肆，辩才邅迤闻名，自号三国论师，开皇十年（590），敕住大兴善寺，直至十七年，敕为二十五众主第一摩诃衍论主，著有《十种大乘论》，并于总化寺宣讲，又撰《十地论》二卷。此时，他已年近八旬了。

他首先发问诘难："大师的三论学，以破邪显正自居，将我等各派视作'邪'，那么请问大师心里所谓的'正'是什么呢？"姜还是老的辣，僧粲一出击就直指要点。是啊！吉藏不仅将佛教以外的宗教视作"邪"，连在座的很多佛教学派也没当作"正"，照样痛加贬斥。那什么才是吉藏心目中的佛门正理呢？在场的人都怀着这个疑问。吉藏微微一笑，他显然也觉察到了众人的疑惑，只听他轻宣一句"阿弥陀佛！"双目一睁，精光凛凛，看了看僧粲，炯炯逼人的眼神忽又收敛不见，目光变柔和，不紧不慢地说道："此是对邪所以说正。在邪若去，正亦不留。至论道门，未曾邪正，不可言语表达。"僧粲也不甘示弱，紧接着发问："既然法师说至道无邪正，不可言语，那么佛菩萨为何还要说佛理呢？"吉藏早料到不了解三论学精义的人会有此疑惑，他寸步不让，胸有成竹地解释道："虽然至道未曾邪正，不可言语，但体悟了这一个至道正理的佛菩萨为了教化众生，所以勉强用语言来表达这个正理。"但是僧粲仍然不服，与吉藏往复论难四十余番。只见吉藏随机应对，引证丰赡，谈吐自如，文采优雅，在座的名士都极为赞叹，最后僧粲不得不举手服输，惭愧而退。这场论辩真是令齐王目瞩称扬，群英叹异。

齐王从这次论辩中初步见识了吉藏道德文章，但仍觉得尚未尽兴，为了更多地了解三论学，于是决定把论辩会延长两天，论题主要是探取义理，而这正是吉藏所擅长的。与会众人皆崩角摧锋，无法与吉藏抗辩。吉藏辨析佛理，听得众人虽然时间是移辰历晷，如此之久，而以为只是一餐饭的工夫，真可谓美曲流音，听者无厌。通过几天的论辩，终于使得齐王稽首称谢，愿意终生拜吉藏为师，并馈赠了吉祥塵尾及许多衣物。从此，吉藏芳誉更举顿爽由来。

虽说吉藏辩才无双，京城莫有对手，然而，他在一次辩论会上却碰到了口才同样犀利的智脱。这是继智颛后唯一能令吉藏有势均力敌之感的对手。智脱何许人也？智脱，江苏江都（今江苏扬州）人，俗姓蔡，祖籍济阳（今河南）考城，七岁出家，先后从师研究《华严》《十地》《毗昙》《成实》等经论。南朝陈至德年间（583～586），应陈后主之请，入宫内讲经。后随隋炀帝入京，住于日严寺，撰有《成实论疏》四十卷。大业三年示寂于慧日道场。另著有《释二乘名义》《净名经（维摩经）疏》等。陈后主评价他发言抗论，剖断如流，对手莫不哑口无言，可见其论辩能力一流。

事情还得追溯到隋文帝皇后独孤氏去世时的法会之上。独孤皇后死后，文帝为了追悼皇后，特意召集日严寺高僧大德五十余人，在宫殿内作法事，接着又下令众僧开讲《维摩经》，当时的皇太子妃亲临讲坛，可谓盛极。

由于吉藏以善讲而闻名，所以他首先开讲。他词锋奋发，一下子将其他高僧掩盖了下去，在场的听众无不侧耳倾听。智脱以同法相让，未能尽情发挥。哪知吉藏忘乎所以，竟微相指斥智脱。在吉藏讲论到"三解脱门"时，智脱忍不住发难。什么是"三解脱门"呢？简单地说，就是三种进入解脱境界的智门。第一，空解脱门，是了达诸法本空，而不着于空。第二，无愿解脱门，是了知诸法幻有，而无所愿求。第三，无相解脱门，是了知诸法无相，而无不相，入于中道。智脱质问道："三解脱门以何箭射？"意思是说如何才能达到三种解脱法门，也就是问解脱方法。吉藏反问："未解弯弧，何论放箭？"这大概是说解脱本是"空"，哪里有解脱之"法"？智脱随即引经据典，对解脱法门详加剖析。大概是智脱分析精到，加上口才了得，竟然使吉藏在内的全场僧俗齐齐缄默不语。

这次小小的意外，并未影响吉藏日益高涨的声望。随着吉藏在中原地区辛勤著述、演讲，三论宗的盛名和影响力达到了最高峰，上至隋王朝皇室达官，下至平民百姓，皆普遍信奉。自龙树、鸠摩罗什、僧肇以至摄岭诸大师传承、弘扬的三论学终于播撒在了大江南北宽广的土地上。

八、安然寂灭

正当三论学如日中天之时，隋王朝却在隋炀帝的统治下逐渐走向没落。大业十三年（617），吉藏主持建造了佛像二十五尊，并腾出自己的房舍以放置佛像，而自居于简陋的小屋，早晚礼敬，坚持不懈。另外，他又安置普贤菩萨像，张设帐幔，每日对着菩萨像坐禅，观实相理，长此以往，从无间断。

第二年，唐朝取代了隋朝。唐高祖征召佛门精英到京城，吉藏作为代表之一在虔化门谒见了唐高祖。当时一同参见唐高祖的各位高僧大德都知道吉藏机悟非凡，就一致推他先开谈题。吉藏就说：“隋代末年，天下大乱，生灵涂炭，陛下承运拯溺，救百姓于水火之中，全体道俗称庆，仰泽皇恩。”唐高祖听后龙颜大悦，与吉藏对谈终日，十分投机，至太阳西落仍意犹未尽，后来又下诏慰问，礼遇优厚。

武德二年（619），为了加强对佛教界的管理，唐高祖决定对此进行精整，在京城选拔十位高僧，以统摄僧尼。由于吉藏是望重教界的高僧，深得大众的敬仰，所以也被推选为十大德之一。

当时，实际和定水二寺都钦仰吉藏道行德操，相继延请他住止，他都答应了。于是吉藏在二寺中轮流居住。过了不久，齐王李元吉因钦慕吉藏的风神，延请他至延兴寺供养。从此以后，齐王便常常至寺求教佛法，规格超高的供献是络绎不绝，可见吉藏所受优待之高。吉藏为了弘扬三论，普度众生，所以任物随缘，居无定所，不论哪家寺院、哪个信众请他演说佛法，他毫不犹豫、从不推辞。但此时他毕竟已是年过古稀的老人了，所以疾病屡发，身体一天比一天衰弱了。唐高祖得知吉藏身患多疾，十分重视，不仅亲赐良药，而且还派使者前去慰问，以至于使者相望于道。

武德六年五月，吉藏自知大限将至，疾病恐难治愈，于是就上书与高祖诀别。书中说："吉藏年事已高，疾病缠身，德薄人微。只是幸蒙陛下御赐神药，不久病体得到痊愈。但近感风寒，身体已每况愈下，命在旦夕了。虽然衲僧很是悲痛，因为实在极为眷恋陛下，所以不得不上表与陛下辞别。伏愿圣躬康泰，久住人间，安定家国，同时，也希望陛下能慈济四方众生，兴隆佛法僧三宝。"另外，他还遗表给皇后、诸王子辞别，并祈请他们继续护持佛法。可见，吉藏临终仍关心着国家、四方众生和佛教的兴盛。

到了清晨时，吉藏就索汤沐浴，整肃容仪，换上了新衲衣，望空礼拜。一旁侍奉的弟子烧香，称念佛号。吉藏结跏趺坐禅思，面容愉悦。他提笔写下了《死不怖论》，论曰："我略举十个方面以自慰死亡不可怕。世上一切含生之类，没有不爱生而畏死的，这都是因为他们不明了佛法的缘故。佛法认为死是由生而来，实际上应该是畏生而非畏死，因为我们如果不出生，哪里还有死？见到人的初生，就知道最终必归于死，因此应该因出生而哭泣，而不应该怖死。"斋时将至，忽然室内异香萦绕，彩云垂空，吉藏落笔合掌，奄然迁化，世寿七十五。临终时，吉藏曾给弟子遗嘱：第一，要求众弟子们继续努力光大三论学；第二，自己入灭后，暴露尸骨，无须埋葬。他死后，弟子曾将其色身在露天放置了一段时间，皮肤颜色更为鲜白，可见吉藏道行之高深。

大师入灭，朝野哀伤。唐高祖下令慰唁，并赏赐财物助办丧事,令于南山寻觅石龛安置吉藏色身。东宫以下诸王公等人,也纷纷致书慰问,并赠钱帛。秦王李世民对吉藏特别推崇,也致书吊唁,说:诸行无常,吉藏法师学问精通三乘,声名高于十地菩萨,誓愿弘传般若教理,辨明解脱法门。正当他建树净土、宣教禅林之时,想不到他却像晨曦的朝露一样,随业风而飘逝。吉藏法师永远辞别了寺院,遽然掩闭了墓门。其遗言不忘弘法利生,这情真意切全在遗表中表现无疑。吉藏法师的事迹将永远流传人间,而哲人已逝去,这是多么令人悲伤啊!李世民派使者把吊唁文书送往南山至相寺,火化当天,倾城百姓哀恸不已,如丧亲人。他们或献之香果,或引以幡花,或泣泪相随,或呗声前导。后来,弟子慧远收拾起他的遗骨,埋葬于北岩,并树碑撰铭,称颂吉藏功德。远近信众为了纪念大师,建立了佛塔以为供养。

一代佛学巨匠、三论宗的开宗者吉藏大师走了。纵观大师一生,自垂髫出家,七十五岁入灭,在长达六十余年的佛门生涯中,广开法席,讲三论一百余遍,《法华经》三百余遍,《大品般若经》《大智度论》《华严经》《维摩经》等各数十遍。在为信众去疑解惑讲学的同时,他精勤撰述,将自己对佛法和三论学的参悟形诸文字,化为一部部的文字般若,总计著作四十余部,盛流于世,为后世留下了一笔宝贵的文化财富,以致享有"吉(嘉)祥文海"的美誉。后人从吉藏的著作中,可以体悟到大师那广阔而深邃的佛教思想。

九、三论余响

吉藏所代表的三论宗在当时风靡一时,但可能是他将整个生命都放在了三论宗的弘传之上吧,吉藏的亲传弟子中有重要贡献的并不多,主要有慧远、智拔、智命、智实等人。以下予以简单介绍。

慧远，俗姓杜，京兆人。他从小就爱好佛法，在刚满十岁时，就投吉藏法师出家。受具足戒后，因为博文多识，就能开讲《法华经》，并且自作解释经文的章疏。晚年隐居蓝谷（今陕西蓝田）悟真寺，乘闲乐道十余年。慧远常诵《法华经》，十分灵验。有时油灯中不加油，过几天自己就会点亮。最灵验的事迹，应该是唐贞观十九年（645），在寺坐夏安居。当时正值天气亢旱，慧远就宣讲《法华经》祈雨。当时人们听说慧远要讲经，大家不论住得远近，纷纷前来听讲。在听众中总是有两位老人，每次都是准时前来。慧远觉得很奇怪，因为自己与这两人素不相识，所以默默地记下了那两人的容貌。还没来得及询问，慧远正好讲到了《法华经·药草喻品》。"药草喻品"是《法华经》中七个比喻之一，又称云雨喻。此品以雨比喻佛陀教法，以草木比喻众生的机类，而以药草比喻三乘人的根性。药草有三种，即小草、中草、大草。小草比喻人、天，中草此喻声闻、缘觉，大草比喻菩萨。药草虽有大小不同，如果得蒙云雨滋润，就都能繁荣郁茂，能治众病。以之比喻三乘人的根器虽然高下不同，如若得到如来慈云法雨润泽，则能成大医王，普救群生。慧远一讲到此品，上天似乎感应到了，立刻大雨滂沱，大地得到了滋润，亢旱一扫而光。此时慧远注意到那两个天天来听讲的老人三天没来了。后来有一次恰好被慧远碰到，于是就问那两位老人是何人。老人迟疑了一会儿才说："弟子是龙也。上次听到法师您弘讲'药草喻品'，我们被您感动，就以雨水报答，但其实未到下雨之时，我们擅自降雨，所以被龙王鞭笞了。"说完忽然不见了。慧远生性谦挹，虽然遇见的是地位很低的沙弥，也必定谦恭地说话。慧远卒于贞观二十一年，年五十一。

智拔，俗姓张，襄阳人。幼年就雅好佛法，六岁出家。小小年纪就诵读《法华经》，每天能通晓五张经书纸页。智拔诵读佛经，不是单纯的背诵，而能解经中大义，可谓早慧。智拔

048

曾发誓说："《法华经》是诸佛出世之大义，十分重要，我愿毕生弘扬。"后来听说京城吉藏法师乃是四海标领、三乘名匠，就跟随吉藏学习《法华经》，不久便能复述，首尾两遍，丝毫不差。吉藏对他颇为期许，赞叹说："智拔对《法华经》理解深刻，以后弘扬这部经的事业就由智拔承担了。"学成后智拔回到了襄阳。当时正逢盗贼扰攘，迫使智拔停止讲经。为了避开盗贼，智拔是昼藏夜伏。虽然环境恶劣，但他并未忘记老师吉藏的嘱托，坚持钻研经义。待到盗贼平定后，智拔入住了耆阇寺，得以重登讲座。智拔很珍惜来之不易的机会，每年讲说《法华经》五遍。晚年时有一次在居士家开讲，刚回答了听众的一个问题，就对旁人说："我回答完刚才的问题，今天就跟在座的各位父老乡亲施主等告别了。"听众正自纳闷，不知智拔此语何意，突然发现智拔不再言语，走近一看，发现他业已坐化了。时年贞观十四年，春秋六十八。

智命，俗姓郑，名颐，河南荥阳人。荥阳郑氏在魏晋南北朝时是著名的世家大族。智命从小受到了良好的教育。在隋朝时期一开始任羽骑尉，这是没有实权的低级官职。他有空常去参加佛教法会活动，学习佛学，后来就干脆辞职跑到宁州（今甘肃庆阳市宁县）耕地种田了。大业初年，仆射杨素因事去宁州，与智命谈论了一天。杨素说："看你的神采风韵，绝非鄙俗，而是治国能才，你暂且忍耐一时，不久朝廷就会征召你做官。"后来隋炀帝长子元德太子杨昭搜访贤能，杨素就推荐了智命，任为中舍人，官至五品。元德太子死后，智命辞官入佛，从吉藏听讲三论、《法华经》，研习多年，逾深信笃。隋末他又任御史大夫，隋朝灭亡后，又在王世充手下任职。智命看到乱世纷争，决心离开妻子出家。智命对妻子说："我出家的愿望实现了，就是死也不惧，现在应该奏明王世充。"于是就身穿僧服，手持锡杖，跑到宫门口大声说道："郑颐现已出家，特来告知！"王世充不胜愤怒，下令斩杀。智命听后不仅不害怕，反而高兴地说："我心愿已满足了。"行刑者把智命押解到洛水边，由于刚刚旭日东升，不到规定的处决时刻，智命见状，对行刑者说："你们如果是好人，就痛快一点，早点超度我！不然就干脆放了我！"当时围观的道俗纷纷劝他忍耐到日落之时，这样可多活一段时间，而智命却并不愿意，临刑时遍礼十方，口咏《般若经》，还要了一支笔题诗曰："幻生还幻灭，大幻莫过身。安心自有处，求人无有人。"写完，他与各亲友诀别后就闭眼不再说话。过了一会儿他说："可以下刀了。"死后他脸有喜色。智命对生死看得很开，曾有僧人对他说："看你的头颅额颌，有富贵相。但你总是目光左右环视往后看，恐怕不得善终。"智命回答："难道是伤心死亡吗？如果像你看相说的那样，倒是我的本愿了。我看见那些死者临死前十分恐惧。其实生死终一期，肯定不能逃免，何不正心念佛，刀落命终，神爽自在，难道这样做不是一件好事吗？"智命这样说，真正是领悟了佛教"世间空苦，诸行无常，是生灭法。生灭灭已，寂灭为乐"的思想精髓。一切事物都在变异、运动、假合，世间的本质是空和苦，一切事物运行无常，不断生灭，谁也逃脱不了。如果解脱了生灭，就会达到寂灭的快乐。

智凯（乌凯），俗姓冯，丹阳（今属江苏）人。父亲早亡，年仅六岁时就听吉藏讲《法华经》，听后豁然开悟，从吉藏出家，因皮肤乌黑，所以人称"乌凯"。后来他跟随吉藏一同去嘉祥寺。在吉藏的门人弟子中，学问没有人能超过他。吉藏去京城后，智凯并未随行，而是在静林寺聚徒讲学。唐武德七年，他去剡县（今浙江嵊州）立讲，听徒五百。贞观元年，他往余姚县（今属浙江）小龙泉寺，常讲三论、《大品般若经》等经。他曾发誓足不出寺，身不着席，不受供养，自力更生，佛殿之后忽然出现一片池塘，智凯就说："我只喝这池子的水，就可喝到死了。"智凯为人和善，对任何事物都身怀慈悲之心。那时浙江一带很多养狗人都不要出生的小狗崽。智凯听到后总会尽力收养，数十年都是如此。贞观十九年（645），有一个齐都督请智凯到嘉祥寺讲三论。讲经之时，来自四方学者八百余人，规模盛大。当智凯离开龙泉寺去嘉祥寺时，那片忽生的小池就枯竭了。他听后叹道："池子枯竭了，我也没处喝水了，看来我不会返回了。"果然，至贞观二十年卒于讲坛之上。

吉藏弟子中还有一个也叫智凯，他俗姓安，是江苏扬州人，家世富有，奴仆众多，但智凯并不贪恋，而是在少年时就到嘉祥寺跟随吉藏出家受学，后来又随吉藏去了京城。不过至此之后，智凯放弃了原来所学的三论学，转而研究起了历史学和诸子百家，还为这些书作注释。他还对唱导十分热衷。唱导，就是在佛教法会上用讲、唱的方式宣说佛理，或杂述因缘，或傍引譬喻，以广明三世因果，务使听众不致乏味，而能对佛法有所领悟。因此，担任唱导师的人必须具备智慧辩才与良好的嗓音。在隋末唐初，智凯是皇宫中常客，皇帝的红人。有一次他在大殿上当着皇帝大臣的面与道士辩论，那道士碍于智凯嗓音洪亮，口才出色，打算等智凯说完后再予以驳斥，想不到智凯早知那道士的心思，笑着旁征博引，将那道士所要驳斥的话全部反驳回去了，弄得那道士哑口无言。

智实，俗姓邵，雍州万年人。儿童时与他人谈论，必以佛理开始。十一岁出家。唐朝初年，唐高祖邀请高僧大德至京城讲学，智实名列其中，当时只有十三岁，位居下座。轮到他发言时，言语清卓，满座皆惊，其他高僧居然无人敢接口。大家异声同叹说："这位小师父最俊烈，以后一定能弘扬佛法。"智实长相奇特，在双眉间有数寸长的白毫。吉藏法师对他十分器重，摩挲智实的头顶，又捋着他的白毫，慈祥地说："你有卓异的相貌，以后定有大成就。"有僧人法雅向唐廷建议选择身体强壮的僧人编入军队。政府让法雅负责训练。当时迫于法雅威势，无人敢言，只有智实写信给法雅劝其停止。法雅看信后大怒，反而更严格训练僧军。眼看僧军就要开赴战场，智实不顾一切，奋勇冲入僧军中，大哭痛斥法雅乖逆，破坏佛法。于是众僧同时号叫，听者寒心下泪。智实拽住法雅，殴击数拳，说："现在我是降服恶魔，使邪正有据。"法雅报告了此事，智实被判有罪，后经人相救，被责令还俗，所有僧军也遣散各自还寺。虽被还俗，而僧人的兵役得以停发，智实对此很是欣慰。贞观元年，智实继续上诉朝廷，要求治法雅的罪，最后法雅以狂狷被诛，智实也重新编入僧团。智实对内部损害佛教利益的举动尚且如此，对外部人迫害佛教更是不肯让步。唐朝时期，僧人道士的争名夺权十分激烈。贞观十一年，政府规定道士的地位高于僧人。智实上诉据理力争，结果却是被杖责。智实卒于贞观十二年，春秋三十八。

除了以上几人外，还有善慧，俗姓苟，河内温（今河南沁阳）人。隋大业末年到长安，正逢吉藏大师讲《法华经》，就去听讲，但因形服鄙恶，被听众排斥在门外。善慧就在外面雪地上扫出空地，将衣服垫在地上，坐在门外听了一个冬天，受益很深，至此，听众才接纳了他。善慧于贞观九年卒，享年四十九。

大福田寺慧英也是吉藏法师的高足。据义净《大唐西域求法高僧传》卷下说，有无行禅师"事大福田寺慧英法师为邬波驮耶，斯乃古藏法师之上足，可谓蝉联硕德"。所谓"邬波驮耶"，意译为亲教师、近诵、依学，与"和尚"同义。以弟子年少，不离于师，常随常近，受经而诵，故称近诵；又以弟子依于师家而出道习业，故又称依学。

高丽人慧灌也是吉藏弟子，是将三论学传入朝鲜、日本的关键人物。

十、重归视野

遗憾的是，在这些弟子之后，由吉藏创立的三论宗却迅速衰落了。这个曾经一度极为兴盛的宗派昙花一现，后世再也没有被提及。这一沉寂的局面一直要到近代"佛学复兴运动"才重新进入世人的视野之中，这时距吉藏创宗已经有一千多年之久了。

据研究，三论宗的沉寂与经论的缺失极有关系。然而，这些经论却在一衣带水的日本较为完整地保存着。这是因为在隋唐时期，大批日本僧人来华学习佛教，并且把中国的佛教典籍带回了日本，包括三论宗在内的后来在中国失传的典籍也在日本流传了下来。

至明清时期，佛教义学荒芜、组织涣散、戒律松弛，已渐失其真精神，衰微至极。为振兴佛教，一些高僧大德力主三教归一，禅净合流，禅教合流。清末随着西学传入，佛学也出现了一个新转机，并在近代中国思想界、学术界产生了极为广泛的影响，乃至成为近代中国一股不可忽视的社会文化思潮。在这场被称为"佛学复兴运动"中，杨文会是其中的先驱，甚至被誉为"佛教复兴之父"。

杨文会（1837~1911），佛学家，字仁山，号深柳堂主人，自号仁山居士，安徽石埭县（今石台县）人。他自幼读书，但不喜科举业，后设立金陵刻经处，募款重刻方册藏经，由他自任校勘。

清光绪十六年（1890），杨文会与日本佛教净土真宗大谷派佛教学者南条文雄（1849~1927）联系，托南条在日本陆续搜得《大藏经》未收录的中国古德著述二百八十余种，择要刻印。下面，我们罗列一下有关吉藏著述的求购和刻印情况。

求购书单。主要有：《无量寿经义疏》二册、《胜鬘经宝窟》《大经义疏》一卷、《观经疏》《妙法莲华经疏》《妙法莲华经游意》《妙法莲华经玄论》《大般若经游意》《大般若经广疏》《维摩经略疏》《中论疏》十卷、《百论疏》三卷、《十二门论疏》二卷、《大乘玄论》五卷、《仁王般若经疏》《维摩经广疏》《维摩经游义（意）》《金光明经疏》《十地论玄义》《法华论疏》《二谛章》《三论玄义》《唯识略解》。

刻印书目。吉藏著述由日本传回中国后，杨文会选择其中较为重要的部分，在金陵刻经处刊刻印刷。杨文会欣喜地写道："龙树菩萨传佛心印，为十四祖，其教人之法，以般若真空为本。尝作《中论》五百偈，阐扬第一义空。初至东土，传习之士，首推罗什门下生、肇二公。肇公作论，至今独存。生公诸论，仅存其名，惜哉！隋唐间，嘉祥吉藏禅师专弘此道，作《三论疏》行世。当是时，学天台教者，每以北齐慧文遥宗龙树，仅取三观一偈为台教之祖。而禅宗诸师，又以不立文字，弃龙树妙《论》于不顾。于是三论一宗，遂成绝学。近代四海交通，嘉祥《三论疏》自扶桑传来，梅撷云居士见而爱之，玩味不释手。遂将《论》《疏》二本纂合锓板，俾世之学者，由此证入般若波罗蜜门。则知如来心传，不即文字，不离文字。与其苦参一句无义味语，谓之教外别传，何若快读此《论》此《疏》，如清凉水，洗涤尘垢。一旦豁然透脱，即证择灭无为。较之禅家所证非择灭无为（出《百法明门》六种无为之二），岂有二哉？"这段话表现了杨文会对三论宗典籍重新在中国流行的欣慰和期待。

金陵刻经处刊刻的吉藏著述主要有：光绪二十五年（1899）十一月刻印《三论玄义》、光绪二十六年（1900）十月刻印《胜鬘经宝窟》、光绪三十四年（1908）刻印《中论疏》、民国三年（1914）十二月刻印《中观论疏》、民国四年（1915）十一月刻印《十二门论疏》、民国六年（1917）七月刻印《金刚般若波罗蜜经义疏》、民国七年（1918）十月刻印《金光明经疏》、民国时期刻印《华严—乘教义分齐章》等等。

近代著名高僧太虚（1890~1947）在其《佛教各宗派源流》中对三论宗之名义、相用、判摄、行果等方面作了概括。

著名哲学家汤用彤（1893~1964）在其《汉魏两晋南北朝

佛教史》第十八章《南朝〈成实论〉之流行与般若三论之复兴》和《隋唐佛教史稿》第四章《隋唐之宗派》中也对吉藏及其三论宗有深入研究。

至此之后，海内外佛学研究者在前贤的启发和引导下，纷纷投身于吉藏及其三论宗的研究，时至今日，取得了丰硕的成果。三论宗祖庭栖霞寺还专门成立了三论宗研究机构。

曾经一度辉煌的吉藏及其三论宗在隐晦了千余年之后，重新焕发出新的光彩，再一次回归到了世人的学术视野之中，并且在不断地向纵深发展。

第3章

吉藏之前的三论学谱系

作为三论宗的创始人，吉藏理所当然是以三论学为理论依据的。而三论学是来自印度龙树、提婆的中观学。十六国时期，北方鸠摩罗什与他的学生僧肇、僧叡极力弘传龙树中观学，成为三论学在中国的始祖。僧肇以后，三论学开始分化，到南朝宋、梁时期的僧朗、僧诠，陈朝的法朗，使原在北方的三论学在南方竖起了大旗，尤其在陈朝时期，由于皇帝重视三论学，使该学派力压成实、毗昙等学派而异军突起。至吉藏终于从佛教学派成为有教义、有祖师传承的严格的佛教宗派。

三论宗的师资传承一般认为是：龙树——提婆——罗睺罗——青目——须利耶苏摩——鸠摩罗什——僧肇……僧朗——僧诠——法朗——吉藏。其中从僧肇到僧朗之间不是直接的传承关系，所以用省略号"……"表示。虽然三论宗历代传承如上所示，然而严格来说，除了集大成的吉藏之外，对三论宗传授具有重要而关键作用的人主要有龙树、提婆、罗什、僧肇、僧朗、僧诠、法朗。以上几位主要人物不仅初步完成了三论学派的初创，而且在理论和实践上也为吉藏及其三论思想的出现和理论特色的形成奠定了基础。要全面了解三论宗的实际创始人吉藏，就有必要把他放到三论学的法脉和三论学的发展中去观察。所以，我们先简要介绍一下龙树、提婆、罗什、僧肇、僧朗、僧诠，以大体考察一番吉藏的师资传承，借此可以了解吉藏学说的思想来源。

一、印度中观学

龙树

龙树是大乘佛教的祖师，后人因为尊崇他，所以关于他的生平，就出现了不少附会的传说。比较可靠的记载，是鸠摩罗什译的《龙树菩萨传》。根据此传，龙树生于 2 至 3 世纪。现在学者细定到 150~250 年，其根据是龙树在世时曾给他的好友、同时代人案达罗王朝的行正王戈德米布特罗·耶贾·希里写过书信，活动年代在 173 至 199 年之间。龙树是南印度的婆罗门种姓，传说其父姓"龙"，其母生他于树下，所以为他取名为"龙树"。

龙树天资特别聪明，在孩提时，听到婆罗门诵读经文，他即能背诵并能领悟其含义。到二十岁左右时，由于他对天文、地理、图纬秘谶及各种道术几乎无不精通，所以已是声名在外，独步南印度各国了。

龙树有三位同龄契友，他们都学识超群，也是一时之杰。有一次大家议论说："我们把天下的经论义理都学尽了，现在还有什么可以让我们纵情逸乐呢？然而我们这些婆罗门比不得王公贵族，不能骋情极欲，如今只有学习隐身之术，才能尽情娱乐。"龙树及其好友四人相视而笑，莫逆于心。

于是他们四人就去一个会隐身法的术士家登门求教。那术士见他们动机不纯，心想：这四人聪明狂妄，视众生如草芥，如今为了求隐身法，才勉强不惜屈辱来求我。我若将法术传授于他们，以后就不可制服他们。所以那术士就将药丸给了他们，但是这药丸却需每日使用，用尽了必须再向术士索讨，如此一来这四人就被掌控住了。于是术士给每人青药丸一颗，嘱告说："你们在僻静之处，用水将药磨化，涂在眼睛周围，人们就见不到你们了。"龙树当即研磨药丸，细辨药丸气味，便知药名、成分，且分毫不爽。他对术士道："此药有七十种成分。"术士大惊问道："你如何得知？"龙树说："药有气味，我从药味上分辨出来的。"术士大为叹服，就将隐身法如数传授。

龙树等四人以隐身术从此自由出入王宫，恣情取乐。宫中的一些美人被侵凌了百余日，后来事情败露，竟有怀孕的美人将此事禀告了国王。国王大怒："此乃何种不祥之物作祟？"于是紧急召见大臣商议。有一老臣说："凡这种事有两种可能，一是鬼魅，一是术士。可以用细土放在门口处，派人暗中分守各个宫门，若是术士有足印现在土上，可用兵器除之；如是妖鬼，则无足迹，但也可用符咒灭之。"

王宫通过老臣的建议，不久就发现了龙树等四人的足迹印在细土之上，果然是术士。国王当即下令关闭宫门，派武士数百人挥刀往空斫砍，当场将龙树的三个好友杀死，唯有龙树屏气凝神地躲在国王附近，终于因为国王身边七尺之内没有刀剑砍杀而侥幸逃脱了性命。

经过此次死里逃生，龙树方才觉悟到贪欲是一切苦难的根本，于是他入山寻到一位沙门虔诚请求受戒出家。他在佛塔待了九十多天，读遍了所有经论，并且全都心领神会。然而龙树并不满足于此，他还想读更多的经论，但此地已无其他经文可读。他访寻到北印度雪山深处有一座佛塔，塔中住着一位老比丘。那老比丘给了龙树大乘经典，他用心研读，虽然知晓大乘精义，但还不能融会贯通。不久，龙树辞别了老比丘，又周游列国，搜集各种经论。在周游列国途中，他还和诸外道及部派佛学者辩论，学者都辩不过他。他逐渐产生了骄傲思想，常说佛经虽然精妙，以理推之，则意犹未尽，未尽之中可推而宣讲，以达到启悟后学的作用，这样做于理不违，于事无失。于是龙树与弟子们受新戒，穿新衣，独自在水精地房中参详佛理。

传说正在这时，有一位叫大龙的比丘，见到龙树对佛理如此精进修持，非常感动，便领着他到了海中龙宫，打开了一个个宝匣，里面藏着数不尽的稀世经典，大龙比丘将这些深奥经典、无上妙法尽数授予龙树。

龙树如饥如渴地昼夜阅读，不明之处随时就向大龙比丘请教，视野顿时开阔。至此他才真正地感到，佛学浩如烟海，其理博大精深，没有任何外道超得过它，同时也就打消了自立门户的陋见。

他在龙宫待了九十多天，把所藏的经典反复细阅，几乎能背诵了。大龙比丘问他："此处佛经你都读完了吗?"龙树回答道："您的各个宝匣子中所藏佛经无穷无尽，我现在所读到的经典已超过了人世间十倍之多。"大龙比丘又授予龙树诸种佛经一箱，然后才将他送出了龙宫。龙树回到了南印度，大力宣扬佛法，说服外道，推广大乘佛教，作《优波提舍》十万偈、《庄严佛道论》五千偈、《大慈方便论》五千偈、《中论》五百偈，终于使大乘佛教大行于天竺。这种说龙树是从龙宫中得到当时尚未流行的大乘佛经的传说，据后人研究，是有一定事实依据的。北印度一带龙的传说十分普遍，这种龙的生活地点不是在天上，而是在雪山。地上流淌的江河，都发源于雪山，所以北印度传说山上有雪水积成的大湖，龙就住在其间，称为龙宫。如果说龙树确实由龙宫中得到大乘佛经，这就是说他从北印度雪山深处取得的。

龙树为了弘扬大乘佛教，常常要与外道进行艰苦斗争，于是流传下来了不少故事。

当时有位婆罗门上师，他精通咒术，心生嫉妒，欲与龙树比个高下。他奏明国王说："我要降服那个比丘，请您拭目以待!"国王劝他说："你太愚痴了。龙树已是一位得道菩萨，他的聪明可与日月争光，智慧与圣心并照，你为什么不能谦虚一点，敬重他一点呢？"婆罗门说："您是智者，请您先别打击我，还是先看个究竟吧！"国王听那婆罗门这么说，只得准奏，安排龙树与婆罗门决个高低。

比赛的那天，国王与龙树一起坐在宫殿之上。婆罗门后到，便于殿前作法，只见现出一个广大洁净的池子，中央生出一株千叶莲花，婆罗门高坐其上自夸道："龙树你屈居地下，与畜生无异，你还敢与我这坐在莲花上的大德智人抗言辩论吗？"龙树也不答话，也用咒术化作一头六牙白象。只见那头白象径直走到莲华座旁，用象鼻把那婆罗门高高举起，掷于地下。那婆罗门重重摔伤了腰，他知非龙树对手，跪在地上向龙树表示服输："恕我自不量力，毁辱大师，恳请您多多原谅！从此我愿归依佛门，开导我愚蒙吧！"

却说那南天竺国王统御其他诸国，信仰邪道，国内连一个沙门比丘都没有，远近老百姓也跟着国王崇敬邪道。龙树心想："树不砍掉它的根，则树的枝干就不会倾倒。国王不受佛教教化，则佛法不能盛行于其国。"恰好该国出钱招募卫士，龙树趁此机会应募为卫士首领。有一次，国王出巡，卫士在龙树的带领下荷戟前行，一路上行进非常齐整。国王见了十分嘉许，就召见了龙树，问道："你是什么人？"龙树回答："我是一切智慧之人。"国王听后非常惊讶，问道："一切智慧之人旷世罕见，你这么说有何凭证？"龙树道："我愿意以我的智慧来回答您的一切问题。"国王心想："我身为智慧之主的大论议师，如果将他问倒也不算什么骄傲之事；若是我不提问，那也算是我输了。"国王迟疑良久，不得已发问："你可知上天现在正在做什么？"龙树道："上天如今正在与阿修罗交战。"国王听闻此言，犹如喉咙里塞了什么东西似的，吐也不是，咽也不是，想要反驳龙树也没有证据，又想同意也没有事实可证。龙树见状，又说："国王您别误以为我是无稽之谈，请您稍待片刻，马上就会有证明出现。"不一会儿，龙树的话就应验了，各种兵器从天上纷纷掉落下来。国王还是不信，说："干戈矛戟虽是兵器，你怎么证明就是天众在与阿修罗发生战争呢？"龙树说："是不是虚言就让事实来证明吧。"话音刚落，阿修罗的手足、指头和耳朵、鼻子从空中掉了下来。不仅如此，龙树又施法让国王、大臣、百姓以及婆罗门清楚地看到了天众与阿修罗二阵对峙的情形。

至此，国王彻底信服了龙树，马上稽首，接受龙树的教化。殿上有数万名婆罗门，皆愿剃发受戒，至心归命，自此大乘佛教就大行其国了。

有一个小乘的法师，对龙树非常嫉妒怀恨。龙树将要圆寂的时候，问那小乘法师："你愿意我常住世间吗？"他答道："我实在很不愿意。"于是龙树就回到静室，整日没有出来，弟子们觉得很奇怪，便破门而入，一看，龙树已经圆寂了。龙树圆寂后，南天竺诸国为他立庙，恭敬供养如同佛陀一般。

龙树的寂灭还有不同说法。唐玄奘《大唐西域记》记载了龙树自刎身亡的故事。说龙树精通药术，服食药饵，调养生命，年寿已数百岁了，但容貌仍旧不见衰老。国王也得到了这种妙药，也得到了数百岁的年寿。国王的小儿子着急了，对他母亲说："像我这样，到底什么时候才能继承王位啊？"他的母亲说："照现在的情形来看，还不能确定日期呢。你父王年寿已经数百岁，子孙中老死的也多得很。这都是龙树菩萨的福力所加。如果龙树菩萨寂灭，那么你父王必定会死。龙树菩萨这人智慧恢宏广远，慈悲深厚，周济众生，自己的生命好像都已赋予了他人。你应该去他那儿，试着向他乞讨他的头。如果你的要求成功了，你就能实现继承王位的愿望了。"于是小王子来到了龙树所住的寺庙。龙树见到小王子后就问："今晚是什么原因降临此地？"王子答："我有所求，要用人头，招募了很多年，但都没人肯施舍出来。只有菩萨您修习圣道，期望将来求证佛果，慈悲之心，泽及众生。轻视自己的生命，把生命看得如同浮云；贱视自己的身体，把身体看作如同朽木，我的要求并不违背您本来的心愿，望您答应我的要求。"龙树闻言，说道："您这话说得很对。我求证成佛的圣果，我学习佛陀的施舍，人身如同声之响、水之泡，在四生中流转，在六趣中往来，这与我过去的大誓愿相合。但是我的身命如果终结，那您的父亲也会丧命，还有谁能救济他呢？"龙树徘徊顾视，寻找自杀的方法，他随手拿起一根干茅草叶自刎自己的颈项，如同利剑断割，身首异处。国王听说后，十分伤感，果然不久也死了。

虽然龙树之死有不同说法，但有一点是肯定的，那就是龙树之死反映了大乘佛教与其他宗派之间的激烈斗争。

龙树的著作很多，素有"千部论主"的美名。他的学说由其衣钵传人提婆继承和弘扬。

提婆

提婆是龙树众多弟子中最杰出的一个。他是南印度狮子国（今斯里兰卡）人。传说他是王子，最初学习婆罗门学说，天赋绝顶聪明，博学广识。他年轻时很自负，以为天下的学问已学到十之八九了，苦于还没有人能信任他。

提婆只有一只眼睛，这是有一个传说的。据说当时国内有一座天神像，以黄金锻炼制成，身高二丈，人称大自在天王，凡是到庙里祈求者，有求皆必应，故信众有千万人之多。提婆听说了这件事后，决定前往此庙宇拜见。管理庙宇的人对提婆说："大自在天王的神像是神人，求神问卜者是又敬又畏，都不敢抬头正视天王的尊容，连拜神回家后，还要失魂落魄达一百天之久。你只要在门外祈求祷告即可，何必非要目睹呢？"提婆说："如果真是天神，自然会如你所说，让我观瞻；如果不是，我岂会愿意前来？"管理者拗不过提婆，只得开门放他进去。那些旁观的善男信女都惊讶于提婆的勇气，便有数以千万的人跟着提婆一起进去一看究竟。

提婆走进天神殿，抬头望去，只见天神果然摇动其眼，对提婆等人怒目相视。提婆说道："你虽是天神，但为何如此气量狭小？你作为天神应该以威灵感人，智德服人，而你却因身披众多黄金而傲慢不驯，常用水晶双眼摄人心魄，你怎么对得起崇敬的信众呢？"说着，他就从梯子攀爬上去，挖去了天神的一只眼睛。那些胆小的信众又惊又疑：堂堂的大自在天王怎么受困于一个小小的婆罗门呢？提婆见众生惊疑，就高声说道："神明实在远大，所以以此来考验我。对此我深深了解神明的用意，所以我才登上黄金神像，挖去天神的一只眼珠，目的是希望你们知道天神并不在乎外在物质供养，你们应该从精神层面上真心崇敬。我并不是傲慢和亵渎神明，而且神明也不会因此而被侮辱。"说完，提婆便走出庙宇，凭他的智慧和声望，一夜之间就准备好了各种精美的供养物品，准备第二天一早祭祀天神。不出所料，大自在天王清晨时以肉身前来受供。看到提婆所准备的丰盛佳肴，就赞叹他的大福德力。于是，大自在天王对提婆说："你实在深知我心。世间人只知崇拜我的形体，只会用食物来奉献我，这样做是在畏惧我、污蔑我。"提婆恭敬地说："唯愿您能知我心，我唯您命是从！"天神说："如今我缺少一只左眼，你能施与我吗？"提婆二话没说，当即就把自己的左眼挖出来给天神。哪知天神运用神力，使提婆左眼不断有新生，于是从早到晚，提婆一共挖出了数万只眼睛。至此，天神彻底敬服了提婆的虔诚之心，赞叹道："真是无上的布施！你有什么要求，我一定会满足你！"提婆说："我只希望芸芸众生能信受我的话。"天神答应了提婆的要求。

提婆听说龙树的声名很大，心中不服，就去找龙树辩论。龙树也素知提婆盛名，就命弟子在门口放一满钵水。提婆心领神会，也不言语，只取出一根针投入钵中。弟子拿回了水钵，龙树问道："他有什么话说？"弟子答道："他一声不吭，只是投了一根针在水里。"龙树赞道："此人真是聪明啊！快请他进来！"弟子问："这是什么意思？是无言妙辩吗？"龙树答："水这种物质，形状随着器物而变化，无论清洁、肮脏的东西，它都能与之相处。我用满钵之水暗示我的学问渊博，思虑周全，他将针投入水中，意思是说已经彻底了解我学问的要旨。这是一个不平凡的人。"就这样，提婆从此成了龙树最得意的弟子，刻苦从龙树学习佛理。在龙树菩萨的精心培养下，提婆完全继承了龙树菩萨的学说，成为佛法一代宗师。

中印度摩揭陀国原来盛行佛教，各派外道学者不敢与之争辩。但是后来随着前辈僧人的相继谢世，年轻僧人未能继承先生的学业，而外道却有相当多的出色学生。僧人在与外道的辩论中落了下风，从此佛教被外道彻底压制了，被要求不得再敲击犍椎。龙树及其弟子听说此事后，对佛教的衰落痛心疾首，想去该国找外道辩论。这时，提婆自告奋勇说："我想去摧毁邪见高山，点燃正法火炬。"开始龙树并不放心，在正式辩论之前，与提婆两人模拟了好几次，经过七天的论辩，龙树见并未驳倒提婆，于是才放心让他前往。

摩揭陀国中的外道素闻提婆声誉，急忙禀告国王："陛下当初曾规定沙门不得再击犍椎。现在请您发布命令，吩咐各城门的守卫者，不准外国僧人进入城内。"国王答应了。提婆到达之后，无法进入城内。当他获悉国王的命令后，便更改装束，将僧伽胝叠好，藏在草束之中，然后撩起衣服，飞快奔走，背着草束进入城内。到了城里，他穿上衣服，来到佛寺，要求借宿。僧人摄于国王的规定，不肯留宿提婆。无奈，提婆只能在犍椎台上过夜。等到清晨，提婆便猛击犍椎。于是，其他寺院也跟着大力敲击。国王得知后下令彻查。查实后，提婆对国王的使者说："所谓犍椎，本来就是用来敲击召集僧众的。有了犍椎而不用，还挂在那里干什么？"国王的使者答道："早先僧人论辩失败，所以规定不准再击犍椎，至今已经十二年了。"提婆表示要重新敲响法鼓，让使者回报国王。国王同意举行辩论会，并规定："如果论辩失败，必须自杀谢罪。"于是外道学者竞相上阵，各展其才。提婆登上论坛，让外道学者先说，然后一一驳斥，不到十二天，驳倒了所有外道。国王、大臣无不庆幸欢愉，于是建造佛塔，以表彰提婆的高超德行。

之后，提婆周游各国，弘传大乘佛法，收了很多学生。提婆在晚年时隐居山林，专门著书立说，弘传大乘佛法，造《百论》二十品，又造《四百论》以破外道邪见。

有一个邪道弟子凶顽无智，目睹他的老师被提婆驳倒，感到万分耻辱，刻意要向提婆报仇。他发誓说："你提婆以口胜我师，我要以刀胜你。"他暗暗跟踪提婆，伺机下手。一天，终于抓到了机会。那时，提婆的各位学生都在树下坐禅，提婆则坐禅完毕离开了。那邪道弟子冲到提婆面前，愤愤说道："你过去以口才战胜我师，如今我要以利刀来剖开你腹。"说完，举刀朝提婆砍去，五脏六腑都流了出来。但提婆没有死，他对那邪道弟子并无怨恨，反而怜悯那愚鲁的弟子，诚恳地说："我有三个衣钵饭器在我的坐处，你可以拿走它们，然后从山上逃走。我的弟子们还没有获得法忍（对寒、热、饥、渴等无情之法都能忍耐而安心修持），他们必然要捉住你去送官。你现在是没有受到佛法的教化，过于看重个人声名。念你为愚痴所欺，为狂心所惑。"外道弟子听完提婆的劝导，心生忏悔，辞别提婆逃上山去。

众弟子坐禅回来，看到提婆倒在血泊中，大吃一惊，号啕大哭，有些人要去截住外道弟子的去路，但是被提婆劝阻了。接着，提婆毫无嗔恨地瞑目而终。

传说提婆的著作有很多，但流传下来的却很少，主要有《四百论》《百论》《百字论》等。他的学说，完全是对不同学说的破斥，所谓唯破不立，即只批判他人而不建立自己的理论体系。通过这种做法，可以使大乘佛教在当时激烈的竞争中压倒对手。

龙树、提婆的学说

印度中观学主要以《大品般若经》和龙树的《中论》《十二门论》《大智度论》及提婆的《百论》等经论为基本理论基础，提出了"三是偈""八不中道说""实相涅槃"等学说，始终坚持"假有性空"、非有非无的中道观。

"三是偈"是《中论》中的一个偈颂："众因缘生法，我说即是空，亦为是假名，亦是中道义。"这个偈颂被认为是中观学对中道空观最经典的概括。"中道"，就是指诸法非空非有，亦空亦有，不落二边，圆融无碍，这是印度中观学派、中国三论学派最高真理，其他所有概念、观念最终都须归结于此。中观学派认为诸法（指事物）都是因缘和合而生，没有永恒不变或独立自存的自性或实体，因而都是虚幻不实的，既要看到事物的无自性（空），又要看到它作为假名有（假有）还是存在的，如此观"空"，才符合非有非无、无非有非非无的中道认识态度。

为进一步说明诸法性空的道理，印度中观学派还提出了"八不中道"说。《中论》说："不生亦不灭，不常亦不断，不一亦不异，不来亦不出（去）。"他们认为用生灭、常断、一异、来去这四对范畴就能概括一切存在。在这些范畴之前加上"不"，就能否定一切主观认识和客观存在，从而显示诸法无自性、一切皆空的真理。也就是说，比如诸法由因缘和合而有生灭，实际上是无生无灭，不能误以为有真实存在的生灭，只有通过否定生灭才能显示出真正的诸法缘起的真正本意。"八不中道"从正反两个方面的双否定（遮）来达到肯定（表）的方法，即破邪显正的方法，肯定一切事物和现象都是相对的、随时变化的。同时，我们也应看到"八不中道"将相对和绝对两者对立起来，只讲否定，不说肯定，这些都反映了中观学派一切皆空的立场。

中观学派所谓"一切皆空""八不中道"等学说与人们的常识观念显然是矛盾的，为了解决这一矛盾，又提出了"二谛说"。二谛，就是俗谛与真谛。俗谛又名世谛，真谛又名第一义谛。二谛也就是事物所具有的两种真理。从俗谛角度来说，诸法是"有"，是以各种因缘关系互相依存；从真谛角度来看，诸法皆空，一切都是虚幻的。只有既看到"空"，又看到"有"，"有""无"并观，真俗不二，才是中道。

既然诸法性空，那么世间（一切生死之法）和出世间（不生不灭的涅槃）两者都是"空"，也就是世间、出世间并没有什么区别，那也就用不着脱离世间去追求出世间的涅槃了，关键在于运用中道去破除各种执着，那也就意味着达到了涅槃。

明白了以上中观学的主要观点，对我们再去了解吉藏的学说是很有益处的。因为吉藏就在这些理论基础上，通过进一步创造性的拓展，从而形成了一套较为完整的三论宗思想体系的。

二、关河旧义

龙树、提婆的学说在印度和西域是有传承的。在提婆之后，有一位名叫罗睺罗跋陀罗的，据传他是提婆在南印度建志城所收的弟子。罗睺罗之后是青目，但有人说青目为提婆的异名，因为提婆左颊有眼珠大的斑点，因此称其字为青目或分别明。这种说法是否正确，还有待研究。到了4世纪中叶，在西域莎车国（今新疆莎车）有王子兄弟二人，甘愿舍弃国家而出家修行。兄长名须利耶跋陀，弟弟名须耶利苏摩。苏摩才艺绝伦，专门传播大乘佛教，他的兄长及其他学者皆拜他为师。将龙树、提婆的学说翻译传播到中土的一代佛学大师鸠摩罗什就是跟随须耶利苏摩学习和研究龙树一系学说的。

鸠摩罗什

到魏晋时期，当时传入中国的大乘佛教，是以《般若经》为中心的大乘空宗学说，但由于受玄学的影响，佛教徒所宣传的佛教般若空宗学说，基本上是以玄学的理论为出发点的。玄学是对《老子》《庄子》和《周易》的研究和解说，产生于魏晋，是魏晋时期的主要哲学思潮，是道家和儒家融合而出现的一种哲学、文化思潮。由于是以中国本土理论去研究印度佛教，其中难免有牵强附会、理解有误之处。所以，只有到鸠摩罗什把龙树大乘般若中观思想引入中土，才纠正了原先依附玄学的般若空宗学说。

东汉明帝时，佛法传来中国，历经魏晋诸朝，汉译的经典渐渐增多，但是翻译的作品多不流畅，与原梵本有所差距。鸠摩罗什通晓汉语，精通梵文及西域少数民族语言，熟悉各种文本的佛经，因此，在翻译经典上，自然比之前的译本要准确流畅，并且能契合佛经原意。

鸠摩罗什译有《摩诃般若波罗蜜经》《小品般若波罗蜜经》《金刚般若经》等般若类经，《中论》《百论》《十二门论》《大智度论》等中观派经典，还有《阿弥陀经》《法华经》《维摩诘经》《大智度论》《维摩经》《华严经》《成实论》《无量寿经》《首楞严三昧经》《十住经》《坐禅三昧经》《弥勒成佛经》《弥勒下生经》等大乘重要经典，《十诵律》《十诵戒本》《菩萨戒本》、佛藏、菩萨藏等等。他所译出的经论，对中国佛教史有着巨大的影响。《中论》《百论》《十二门论》，后来由僧肇、僧睿等弘扬，经法度、僧朗、僧诠、法朗，至本书主人公吉藏而集三论宗之大成。因此，鸠摩罗什被尊为三论宗之祖。此外，《法华经》是天台宗的绪端；《成实论》为成实宗的根本要典；《阿弥陀经》《十住毗婆沙论》为净土宗的依据；《弥勒成佛经》《弥勒下生经》，促成弥勒信仰的发展；《坐禅三昧经》促进了菩萨禅的盛行；《梵网经》使我国能广传大乘戒法；《十诵律》是研究律学的重要典籍。

鸠摩罗什雅好大乘佛教，志在著述推广。他常常慨叹说："如果我写作《大乘阿毗昙》，绝非迦旃延所能比的。然而现在中国能够懂得的人很少，我像折翼的鸟，在此地还能写什么论著呢？"迦旃延是佛陀的十大弟子之一，说一切有部所传的《施设论》和大众部所传的《蜫勒论》（别译《鞞勒论》，今译《藏论》）被认为是他的著作。鸠摩罗什只为姚兴写下了《实相论》二卷、《注维摩经》。

鸠摩罗什为人神情朗澈，傲岸出群，应机领会，少有匹敌者。他又生性仁厚，泛爱为心，虚己善诱，终日不倦。姚兴常对鸠摩罗什说："大师您聪明超悟，天下第一。如果一旦寂灭后，怎能没有后人继承呢？"于是送给鸠摩罗什十个女子，逼着他接受了。自此以后，鸠摩罗什不住在僧坊，另立廨舍居住，每次讲经时，总是首先说："譬如臭泥中生莲花，只采莲花，勿取臭泥。"

对于鸠摩罗什娶妻不住僧坊的做法，很多僧人也想仿效。于是鸠摩罗什在一个佛钵里放满了铁针，然后召集众僧说："如果你们也能像我这样把整钵铁针吃下去的话，那就也可以娶妻生子了。"说完，就把所有铁针都吃了下去，就像平时吃饭一样。众僧叹服乃止。

后来，鸠摩罗什自觉四大不顺，来日无多，便召集众僧诀别："我一生翻译了经论三百余卷，只有《十诵律》一部，没来得及删改润色，但其中主旨必无差失。我但愿所翻译的经论能流传后世。我现在你们面前发誓：如果我的译本没有差谬，那就在我焚身之后舌头不焦烂。"

后秦弘始十一年（409）八月二十日，罗什卒于长安，就在逍遥园中火化，果然如鸠摩罗什的誓言一样舌不焦烂。

纵观鸠摩罗什一生，从出生时其母的语言变换、后凉时的料事如神，到后秦时的吞针服众，无不充满了神异色彩。鲁迅先生说："中国本信巫，秦汉以来，神仙之说盛行，汉末又大畅巫风，而鬼道愈炽；会小乘佛教亦入中土，渐见流传。凡此，皆张皇鬼神，称道灵异，故自晋迄隋，特多鬼神志怪之书。"此语可谓中肯之论。在当时，出于佛教徒之手的僧侣传记中，很多高僧都有神异现象，其目的当然在于故意构思神异事件，从而达到神乎其教，增强民众对佛教的信任度。发生在鸠摩罗什身上的神异现象或也可作如是观。

正因为鸠摩罗什在翻译和研究三论学典籍方面的贡献，后来被尊为中土三论学始祖。

僧肇

鸠摩罗什有很多杰出弟子，有所谓"八俊""十哲"之说，其中真正继承并发扬光大鸠摩罗什学说的是僧肇。

僧肇，本姓张氏，京兆（今陕西西安市）人。小时候他家里十分贫穷，以帮别人抄书为生，因此也得以博览群书。僧肇生活的两晋时期，社会上老庄玄学风行，他尤其喜爱《老子》《庄子》。他认为老庄虽美，但对于有些问题还是论说得不够完善和透彻。后来他看见《维摩诘所说经》的译本，欢喜顶受，读后自认为找到了学问的依归，于是就削发出家。《维摩诘所说经》宣传的是超越相对、差别的一切绝对、平等真理的教法。这种不二中道思想为僧肇以后迅速领会鸠摩罗什所弘扬的中观学说打下了思想基础。他对佛学进行了深入的研读，少年时就成为一名学问渊博的佛教学者。

僧肇年仅二十，就已名震长安。当时正处后秦姚兴时期，佛学界思想纷争十分激烈，常举行论辩活动。由于僧肇才思敏捷，口齿伶俐，每次论辩都取得大胜，当时没有一个人能驳倒僧肇。后来从学鸠摩罗什，并参与鸠摩罗什的译经工作，凡出经论，皆由他与僧叡二人详定。由他参与详定的经论，千百年来成为佛徒喜读的定本。他追随鸠摩罗什十余年，是门下最年轻、最有成就的弟子之一。弘始十六年（414）卒，年仅三十一岁。

僧肇指出"空"并不是说事物虚无不存在，而是说事物是虚幻的、不真实的。事物由各种条件和合而成，没有真实的自身，所以说是无；事物虽然不真实，是无，但并不等于不存在，而是以假的形式呈现出一定的形象，所以说是假有。因此，"空"既不是有也不是无，而是非有非无。

僧叡和昙影，这两人是吉藏除僧肇以外最为推重的两位罗什的弟子。僧叡是魏郡长乐（今河南安阳）人，少有出尘之志，十八岁剃发，二十岁即博通经论。弘始三年十二月，鸠摩罗什至长安，即随受禅法，且请罗什出禅法要解，日夜修习，精练不怠。司徒姚嵩深相礼敬，姚兴亦称其才器。当鸠摩罗什翻译《法华经》时，译到《五百弟子授记品》一章，为"天见人，人见天"一语汉译颇费思量，时僧叡建议改译为"人天交接，两得相见"，鸠摩罗什甚喜，一时传为佳话。

昙影，生卒年和籍贯均不详。昙影生性虚静，不喜与人交游，而安贫志学，举止详审，过似淹迟而神气骏捷。他能讲《正法华经》及《光赞般若》，每次讲经，听众有千人之多。后来昙影入关中，受到姚兴的大加礼接。及鸠摩罗什入长安后，参与鸠摩罗什译经。鸠摩罗什曾当着姚兴的面称赞昙影说："昨天我见到昙影先生，也是我国风流标望的高僧啊。"在翻译《成实论》时，所有诤论问答都次第反复，过于烦琐支离。昙影以其深厚的语言组织能力，将枝蔓的问答归结为五个大段。鸠摩罗什看后不禁大赞："太好了！这样做深得我意。"昙影著《法华义疏》四卷，并注《中论》，后来栖隐于山林，晋义熙中卒，春秋七十。

由于鸠摩罗什及其弟子当时在长安，位于关中，临渭河，所以称关河，也被称为"关河旧义""关河三论学派""古三论学"。鸠摩罗什、僧肇也被吉藏认为是中土三论宗的先驱。

三、摄岭相传

僧朗

　　自从鸠摩罗什、僧肇之后，龙树中观学遇到了巨大挑战。魏晋南北朝以来，印度佛教的各主要学派基本都传入中国，除了龙树中观学以外，还有小乘的毗昙学，大乘的《法华经》一乘、《涅槃经》的佛性、《胜鬘经》的如来藏、《摄大乘论》的唯识等与中观学不同的佛学思想，而中国佛学界更容易认同这些思潮，于是三论学开始出现分化。比如鸠摩罗什的弟子竺道生转向了涅槃学，由于鸠摩罗什翻译的《成实论》也很受欢迎，形成了成实学派。此外，毗昙学派、摄论学派、地论学派也十分兴盛。一直到南齐时，纯粹的三论学一直处于衰落状态，直到摄岭僧朗重振三论学，才使之衰而复兴，成为南北朝时期林立学派中的一员，后人称为"新三论"。

　　摄岭，或称摄山，也就是栖霞山，位于建康城外。因山中盛产各类药材，食之可以滋润摄身，故名摄山。山有三峰，主峰三茅峰，又名凤翔峰；东北一山名为龙山；西北名称虎山。栖霞寺坐落在栖霞山中峰西麓，称枫岭，有成片的枫树，每到深秋，满山红遍，景色迷人。南齐永明元年（483），隐士明僧绍舍宅为寺，称"栖霞精舍"。

　　明僧绍为平原鬲（今山东平原）人，出身士族。刘宋明帝泰始年中，他隐居此山，结草庵，二十年不与世交，唯与法度结交为善，待以师友之礼。僧绍舍宅为"栖霞精舍"，请法度居之。法度，黄龙（今吉林农安）人，年少出家，初游学北方，以苦行为务，刘宋末年南下。

说起这摄山，也真该是法度专门居住之地。据说原来此地有道士想盖道观，但是居住者无不死，后来改建为寺后，仍然多有怪异之事发生，只有法度居之，妖怪之事才平息下来。就这样住了一年多，忽然有一天听闻有人马鼓角喧哗之声，不久就有一人自称靳尚来见法度，自称是山神，已管辖摄山七百余年，因为之前所住道士等人并非真正有资格栖托在此，因而无不死病相继。而法度道德高迈，居住在此是众望所归，所以愿法度授以五戒（一般指不杀生、不偷盗、不邪淫、不妄语、不饮酒），成为弟子。法度予以婉拒说：人神不同，还是不要请我授戒。而且你血食世祀，这最是五戒所禁止。靳尚坚持说：如果能成为门徒，马上不杀生。于是辞去。第二天法度见一人送来钱一万，以及香烛刀子，并附有字条，上写：弟子靳尚奉供。到了当月的十五日，靳尚得到了法度的授戒。靳尚说到做到，据说山神庙的巫祝有一晚梦见靳尚告诉他说：我已受戒于法度法师，从此以后祠祀不得杀戮。于是规定人们祭献山神所用的菜肴只用蔬菜果脯而不用肉。靳尚对法度也是奉侍有加。有一次法度曾疾病发作躺于地上，见靳尚从外而来，以手摩挲法度的头脚而去，不久就拿来一个琉璃瓶给法度。瓶中盛有像水一样的液体，液体味甘而冷，法度喝后病痛立刻痊愈。山神靳尚从法度受戒充分说明了法度高超的道德学问感动了山神。

新三论学派之鼻祖僧朗（又称大朗），是高句丽（在我国东北地区和朝鲜半岛存在的一个民族政权）辽东城人。起先远至敦煌跟昙庆法师学习三论学，齐末梁初转赴南朝，其后到栖霞寺依止法度。

僧朗来到南方后，曾与盛行一时的成实师论难，令成实师们结舌无对。梁天监十一年（512），武帝仰慕僧朗之德风，特意遴选十名卓越学僧从师受学。据说，梁武帝本人原来学习《成实论》之学，自从他派人向僧朗学道后，深受启发，便也改变初学，开始学习三论之学，曾向僧朗请教。当时的名士周颙也来受学。周颙，字彦伦，汝南安城（今河南汝南）人，笃信佛教，曾著《三宗论》，述一家之见。因此，僧朗声名远震，颇有影响。

僧诠

僧朗之后，僧诠成为三论学派领袖。僧诠，又称止观诠、山中师，是当年梁武帝所选十名学僧之一，后住摄山止观寺，遁迹幽林，禅味相得，义理禅修并重，大兴三论学。所谓"大乘海岳，声誉远闻""直辔一乘，横行出世"。

虽说经过僧朗、僧诠师徒的不懈努力，三论学在各学派中逐渐崭露头角，但是仍然显得力量薄弱。这可以从以下两件事看出来。第一件是僧诠讲解三论学后，禁止弟子出讲堂向别人谈论内容，因为害怕别人（主要指成实、涅槃学派）有所疑谤。第二件是周颙撰成了《三宗论》，大弘三论学思想，名僧智琳自称四十余年不曾听到这种道理，因此请求周颙刊行《三宗论》，但遭到周颙的拒绝，理由仍旧是害怕引起当时人们的误解。

僧诠门下有数百人，而以法朗、慧布、智辩、慧勇四人最为出众，世称僧诠之四友，又称僧诠门下四哲，四人有"兴皇（寺）伏虎朗、栖霞（寺）得意布、长干（寺）领悟辩、禅众（寺）文章勇"之美誉。

慧布，俗姓郝，将门之后，十五岁时豪言愿领五千人马扫平叛乱，后出家聆听僧诠讲三论，在学徒数百人中独能领解三论奥义，所以僧诠在与听众谈论之际，如有人提问，必定要慧布代为解答。慧布严格遵守佛教教规，不敢有丝毫越俎。在侯景作乱时，慧布连着三天没能吃上饭，到第四天时才有人给他送来一碗饭吃，并在饭上放了一块猪肉，虽然慧布腹饥如火，但仍不肯食用，可谓遭困厄而不履非滥。还有一次，慧布患了脚气，医生让他吃薤（一种野蒜、野韭之类的葱族植物）治疗，为此，慧布终日忏悔（佛教规定不能食辛辣之物）。虽为众僧师长，但他从不役使弟子，缝洗衣服都是自己动手。慧布还曾去北方抄写佛教典籍六驮运还江南，并请法朗讲说。后来发现有遗漏，慧布又不辞辛苦重回北方，将缺漏的内容抄写后交还给法朗。

慧勇，俗姓桓，三十岁时就独立授徒讲学，在梁朝灭亡之际，想找一个幽静场所以继续佛教传播，后来想起僧诠在摄山声名远播，于是准备投奔摄山。正走到报恩寺前，忽见有人对他说：从摄山来授竹如意，但不久就失落了。那人要慧勇将竹如意找回来。说话之间，那人就失去了踪迹。后来他发现在房前窗上有一个盒子，里面放着三论一部，不知从何而来。这些不寻常的征兆预示着慧勇去摄山是正确的选择。到了摄山后他与僧诠朝夕谈论佛学。慧勇佛学修养深厚，以至于僧诠忘了两人的年纪差异，就像朋友一样。

智辩生平事迹零散，只知道他与智顗有交往论辩。

这四人除慧布仍留栖霞寺外，其余三人都一改之前隐居山林修行禅定的学风，纷纷出山入住建康城各大寺院，大开讲席，这就打破了僧诠隐居不轻易传法的作风，有利于三论学的弘传，其中尤以法朗宗其师说，盛弘三论。

法朗

法朗，俗姓周，徐州沛郡沛（今江苏沛县一带）人。其祖、父都是南朝高官，是著名的世家大族。法朗幼承家风，早年习武参军。二十一岁时，忽然觉悟到"兵者凶器，身曰苦因"，梁大通二年（528），就在青州（治所在今山东益都县）出家了。后来游学建康，先后从名师学习禅法、律学、《成实论》《毗昙》，都有成就，誉动京城。后来到摄山从僧诠学《大智度论》《中论》《百论》《十二门论》，以及《华严经》《大品般若经》等经论。

陈永定二年（558）十一月，法朗大师奉陈武帝诏敕入居京城兴皇寺。兴皇寺，建于南朝刘宋末年。元嘉二十六年（449），西凉僧道猛来到了建康，居于东安寺。泰始初年，宋明帝在建阳门外建了兴皇寺，命道猛任住持。道猛曾在寺中讲《成实论》，序题之日，明帝亲自临幸，文武百官云集，以致四远学宾负帙而至。明帝大喜，诏给月钱三万，赐吏四人、白簿吏二十人及步舆各一乘。后来，有道坚、慧鸾、慧敷、僧训、道明、保志等相继住此，各举法化。

法朗大师的到来，使兴皇寺重新焕发了青春。法朗大师在寺中大开讲席，为僧俗人讲《华严经》《大品般若经》、四论（《中论》《十二门论》《百论》《大智度论》）等，听众常逾千人。他对《华严》《大品》、四论中前贤后进所未谈损略的内容，均指摘义理，微发词致，所以言气挺畅，清穆易晓。听众常有千余人，以致大家屈膝而拥，天热时听众不惜挥汗，而法朗也讲得汗流浃背，以致准备了一千领袈裟，每一上座，就得换一件袈裟。由此可以想见法朗讲座的盛况。

由于陈朝帝王特别爱好三论之学，所以，法朗就抓住这一良机，以大无畏的气概向主宰南朝佛学论坛近百年的《成实论》宣战。法朗每次登上高高的法座宣讲，除了阐述三论的义旨外，总要直言指摘三论体系之外诸学的瑕疵，所谓"斥外道、批《毗昙》、排《成实》"，而锋芒所向主要针对的是《成实论》。

法朗的直言无忌，引起了成实师们的反攻。这些成实师多是佛门老宿，久居高位，势力很大。法朗面对成实师们的责难，毫不退缩。他每登高座，常自称只要自己观点正确，立场坚定，就不怕任何对手。法朗以其深厚的三论学养、胜人一筹的辩才，实现了三论学的盛行，所以被称为"伏虎朗"。兴皇之名遂彰显于天下。

有人见三论学在法朗的弘传之下声势浩大，就写了一篇

《无诤论》，通过褒扬守静缄默、与世无争的摄山僧朗，曲折地攻击"恣言罪状、历毁诸师"的法朗。法朗的一位俗家弟子傅绰，时任陈朝撰史学士，撰写《明道论》回击《无诤论》。在这样备受攻讦的严峻形势下，法朗以兴皇寺为大本营，为传播三论思想奋斗了二十五年，宣讲三论及《大智度论》《华严经》《大品般若经》各二十余遍，卒于陈太建十三年（581），享年七十五岁。法朗无疑是三论学的中兴大师。

总之，吉藏的三论学理论体系直接继承了以龙树为代表的古印度中观学、关河旧义以及摄岭相传的三论学。吉藏根据佛教的发展、时代的需要，对以上各理论作了全面的批判和总结，以无所得中道为理论的最高纲领。他所有的理论归根结底都要落到无所得中道之上，从而形成了吉藏博大精深的三论学理论。

第4章

吉藏的破邪显正学说

破邪显正，就是要破除有所得邪见，显示无所得中道正理。这种方法来源于龙树。其他宗派主张破邪之后还要立正，有破有立；吉藏则主张破而不立，破邪即是显正。这中间包含两层意思：第一破斥佛教内外的各种错误主张；第二是显示龙树学说是"正确"的，从而说明三论学的"正确性"。破邪显正的功能主要有两点：破邪是拯救沉沦于苦海的众生，显正则是为了弘扬佛法。破邪显正是吉藏的真理观和方法论，在整个三论宗学说中占有突出的地位。

一、破邪

吉藏破邪的对象共有四类：一外道，二毗昙，三成实，四大执。第一类属于外学，就是佛教以外的思想学说，包括印度和中国的外道。其他三类属于内学，就是佛教内部的宗派。只要破斥以上这四类，其他各种各样的错误见解就迎刃而解了。下面我们分别看看吉藏是如何破斥这四类学说的。

摧外道

概括起来说，吉藏批判的外道有：古代印度与佛教见解不同的宗派、中国的各派论师。

（1）古代印度外道

吉藏将古代印度的种种外道总括为四类：主张邪因邪果，执着于无因而有果，主张有因而无果，认为既无因也无果。

主张邪因邪果。有外道曾这样说过：大自在天（住在色界之顶，是三千大千世界之主）能够生成万物，如果万物灭亡，那么最后也都会回归到世界的创造神大自在天的身上，所以世界上万事万物都决定于大自在天。

吉藏认为这种将大自在天作为一切事物的创造者是错误的。他认为大自在天既不是产生事物的因，事物的产生也不是大自在天的果，所以说是邪因邪果。

他接着诘难说：善业招致快乐的果报，恶业会遭到苦痛的果报。善业和恶业相交相招，因果互相迁谢。六道是众生招致苦报、乐报的住宅，六道又是获得苦、乐果报的场所。那些主张大自在天产生万物的人们是因为不理解这种道理，所以才产生这样的谬见。吉藏说事实上佛理是人生人，物生物。因为人生人，所以人是像人的；物生物，所以物是像物的。这是万物相生的道理。主张大自在天产生万物的说法，岂不是谬论吗？

执着于无因而有果。这种理论主张众生的苦乐不由因缘所产生，所以称为无因。而现在看到的各种事物，就是有果，就是存在，所以是无因而有果。

吉藏批评这种观点说：因和果相生，就如同长和短一样，有长肯定有短，反之也一样。所以既然有果，那么肯定就有产生这个果的因。如果没有因，怎么会有果呢？如果没有因果相生，那么一切法则就会混乱。按佛教常理，做善事、善行的人应该进天堂吧，但却下了地狱；做恶事、恶行的人，应该得到相应的恶报进入地狱，但却升入了天堂。这样岂不是乱了章法吗？所以吉藏觉得无因而有果的理论是极为荒谬的。

主张有因而无果。这种观点认为只有现世，而没有后世，就像野草和树木一样，死了就死了，至于死后如何就无从追问了。也就是说，他们只承认现存的现象世界为因，但认为这个因的结果是难以探究的，所以否定此因之结果。这种观点实际上是出自外道六师中的富兰那迦叶。他就说没有君臣父子因果之义。

对于这种谬论，吉藏从佛经、慧远的看法以及黄帝之言这三方面予以破斥。

首先，《七女经》有一段文字是这样说的：如同鸟雀在瓶子中一样，用布把瓶口扎紧，布破了，鸟雀就要飞走了。人的躯体死了，那人的灵魂也随之而离开。这段文字把瓶子比喻为人体，鸟雀比喻为人的灵魂。

其次，东晋时期著名高僧慧远说：人的形体躯干死了，但精神灵魂不死，火苗传于薪柴就像灵魂传于身躯一样，火苗从这一堆薪柴传到另一堆，这就像灵魂从这个身躯传到另一个身躯一样，这正是应了薪尽火传这个成语。这是以精神现象对整个人类的世代延续性，来否定它必须依附于个别形体并随着形体的死亡而消失的间断性。所以有情众生只不过是在三界、六道中轮回，因果相生，轮转不息，因此，不能看到一个人的身躯死了，就认为意识和灵魂也都没有了，其实只是从这个人身上传到了另一个人身上罢了，即所谓形骸有尽而精神未死。

最后，吉藏引用了黄帝之言。黄帝说：身躯虽然死了，但灵魂并没有发生变化，这不变的灵魂乘着可变的躯体，变化万千。这意思也是说灵魂是不变的，只是它会附着于变化的躯体，从这一躯体到那一躯体，所以看上去以为不在了，其实还是一成不变的存在。正因为这样，吉藏赞同黄帝的看法，虽然黄帝并没有明确说出过去、现在、未来这三世，但字里行间已不言而喻了，那就是灵魂不灭。

认为既无因也无果。这种观点宣称没有恶业，没有恶报；没有善业，没有善报。这样就既否定了后世受果，也否定了现世之因。吉藏对此观点并未多加批驳，只是说此看法最为低劣，认为现世不行善，后世必当受恶报。

（2）中国的各派论师

所谓中国的各派论师主要是指儒家、道家等代表人物及其学说。吉藏主要从"研法"（研究他们的学说、教法）、"覆人"（考核他们的为人）两个角度进行破斥。

研法。这主要是批评中国的《老子》《庄子》和《周易》。吉藏从六个方面辨析佛教和老庄的优劣。

第一，外道只知道一生一世，佛教则对过去、现在、未来三世了然于心。

第二，外道的眼、耳、鼻、舌、身这五根还没有达到无碍自在的境界，而佛教能对六通（天耳通、天眼通、他心通、宿命通、神足通、漏尽通）的细微之处都能了解穷尽。

第三，外道不能理解万事万物实际上只是"空"，而佛教不破坏假名就能够演说诸法实相。

第四，外道不能以无为法（无生灭变化而寂然常住之法）遨游于万有（诸法实有存在），佛教能在不触动平等、无差别的真如法性的情况下而建立森罗万象的一切事物。

第五，外道斤斤计较于得失差别，佛教则消除了涅槃际和生死际之间的差别，而到达了非有、非无、非亦有亦无、非非有非非无的中道境界。

第六，外道不能消除境（所观察到的境界，也就是三论宗所谓的中道这一诸法实相）、智（能观察事物的智慧）差别，佛教则能以无所得正观之智对应于不可思议的实相之境，一切违背真理、不能增进善法而无意义的言论于此中全部泯息消失。

总之，吉藏通过分析中国外道和佛教之间六方面的差别后，认为双方的差距就像蚊子的翅膀和大鹏鸟的翅膀相比，就像坑和大海相比，可见差距极其悬殊。

覆人。吉藏指出佛陀是圣人，而老子、孔子并未成圣。佛陀出家前居住在王宫，将来要继承金轮圣王的王位。他出家以后，就成佛，成为三界法王。从小的方面来说，佛法可以使众生得到好的转世，成为人或神；从大的方面来讲，可以令众生成为贤人和圣人。那么孔子和老子呢？吉藏说，虽未居帝王之位，却有帝王之德的孔子属于鼓吹"有"的儒家，担任过周朝史官的老子是谈"无"的道家，这两人给世人的利益并不能像佛教那样使人成为神圣；他们给人的好处仅在尘世间，而佛教可以使人出世间，因此，孔、老二人地位要比佛陀低。

折《毗昙》

吉藏认为，《毗昙》学在十个方面是有疑问的。

第一，在吉藏看来，最高真理是不可说、不可知的，《毗昙》学者宣扬"实有"，认为确实存在一个最高真理，肯定要遭到吉藏的诟病。

第二，吉藏认为道是非有非无的中道，《毗昙》学只是见"有"，远非得道，这种错误思想是产生偏邪众见的根源。

第三，大乘教义宣扬性空无相，《毗昙》学说实有即能出离生死烦恼，显然与大乘教义格格不入。

第四，《毗昙》学拘泥于守筌。"筌"是捕鱼的竹篓。筌只是捕鱼的工具，不能固执筌而失去了捕鱼这个最终目的，应该像《庄子》所说的"得鱼而忘筌"。打个比方，佛为了让没有看见月亮（比喻大乘）的人看到月亮，就用手指（小乘）指给他们看，根据手指所指方向，看到了月亮。但《毗昙》学者光顾着看到手指或紧守着竹篓，却忘了最终目标是看到月亮或捕到大鱼。

第五，《毗昙》学迷失自己学派的宗旨。《阿含经》是《毗昙》学派所依据的一部极为重要的佛典。但是《阿含经》中明确提到佛演说空无相，称赞修习空无相的人，而《毗昙》

学者只讲"实有"，这岂非颠覆了自己的根本宗旨？

第六，作为小乘佛教的《毗昙》学，只宣扬小乘，而抗拒大乘。

第七，佛陀灭度后，他的教法分为五个部派。五部者，昙无德部、摩诃僧伽部、萨婆多部、弥沙塞部、迦叶唯部。虽分五部，但并不妨碍大乘教法和大般涅槃。而萨婆多部（亦即《毗昙》派）故步自封，只传习自己一派学说，而排斥其他四派，这样就阻碍了实现大般涅槃。

第八，《毗昙》学不是佛教根本。《毗昙》学的因缘论叫"四缘"，也就是一切有为法生起所凭借的四种缘。但是《毗昙》学派的"四缘"只是似是而非的邪恶见解，要想学习最正宗、最全面的"四缘"，就要钻研《大品般若经》。因此，吉藏认为《毗昙》学不是根本。

第九，《毗昙》学讲求"实有"、见"有"得道，这就遮蔽了大乘佛教性空的理论。

第十，《毗昙》学丧失了圆融真、俗二谛的旨趣。按照《涅槃经》的理论，佛陀为了使众生深刻认识真谛，所以不得已宣说俗谛，否则是绝不会说俗谛的。《毗昙》学只知道俗谛的"有"，而不知真谛的"空"，到头来对真、俗二谛都是迷惑不悟。

排《成实》

虽然《成实论》建立了较为圆满的理论架构，但是在吉藏看来，仍然是需要批判的小乘佛学。吉藏通过十个方面加以破斥。

第一，以僧叡《成实论序》作为证据。僧叡序言说《成实论》方便精巧有余，但阐明佛法真理是不够的。就算它显示了实法，那也只是小乘中实法而已。僧叡序言可证明《成实论》确实属于小乘佛法。

第二，依据《成实论》本身观点来论证。《成实论》开头就说："我欲正论三藏内实义。"这里的"三藏"是指小乘佛典，可见是主要探讨小乘佛学，所以将《成实论》说成是讲大乘的教义，显然是错误的。

第三，《成实论》没有引用过大乘经文。大凡写作三藏之一的论，都是要引用佛经的，因为论本来就是对佛经的解说。如龙树为了解释大乘，就引大乘佛经。而《成实论》只是引用《长阿含经》《中阿含经》《杂阿含经》及《增一阿含经》四部小乘经，而竟然没有一部大乘佛经。

第四，《成实论》混淆了佛教的制度规范。按照佛典的一般规律，小乘是不能兼有大乘的，而大乘可以包含小乘。如果《成实论》以小乘而含有大乘，那么就造成体例混乱，无法分辨大乘、小乘了。

第五，《成实论》虽然也讲求空（我空、法空），但所解释的仍旧是小乘的空，所以说是执迷于本宗派的小乘。

第六，分辨大乘的空和小乘的空。虽然大乘、小乘都是谈论我空、法空，但两者具有本质上的区别，主要表现于以下四个方面。

首先，小乘是拆法明空，大乘是本性空寂。所谓拆法明空，打个比方，比如有一棵树，我们把这棵树砍伐成树段或者用火将它烧光成灰烬，那么这棵树就没有了，不存在了，《成实》学派认为这样就是"空"。可见，《成实》学派所谓的"空"是事物拆分、消亡后才能算是"空"。而大乘不同，在它眼里，万物本身就没有本体自性，本来就是"空"的，不是说事物消失了，没有了以后才说"空"。很多人都知道这么一句佛经："色即是空。"意思就是事物（色）本身就是"空"的。大乘的"空"有点类似于这句话。

其次，小乘只讲众生所居住的欲界、色界、无色界这三界里面的空，而大乘所讲范围就大多了，它是三界内、三界外都讲空。

再次，小乘只知道空，不知道不空，而大乘既讲空，也讲不空。比如《涅槃经》讲一切生死都是空，但涅槃却是不空。

最后，小乘分析诸法时，但见空而不见不空，知道一切事物有空理之一面，然不知其反面同时存有不空之意义，叫作但空。大乘却说诸法如幻如化，当体即空，但在空中自有不空之理，叫作不但空。

第七，比较小乘、大乘所说空的优劣。吉藏认为小乘的"空"浅陋，较劣；大乘的"空"深广，较优。《成实论》的"空"只是声闻空，就像皮肤毛孔这样大小的空，而大乘空是菩萨空，如同天空一样，空得宽广到极点。

第八，《成实论》达不到空、有并观，真俗无二。前面我们说到过，成实学主张我（指人）、法（指事物）都是空。而吉藏继承龙树、提婆等观点，强调诸法皆空的同时，也看到诸法的"假有"，从而达到空、有齐观。

第九，《成实论》伤害大乘的见解和行为。《成实论》否定布施，伤害了大乘的见解和戒行。所谓布施，是指给他人以财物、体力、智慧等，为他人造福成智而求得累积功德。在大乘佛教看来，通过布施行为是求得解脱的一种修行方法。《成实论》否定布施，无疑是不对的。

第十，检查历代人的言行来证明《成实论》是小乘。吉藏检查到了若干古印度人和中国人的言行。有一个古印度人名叫佛陀跋陀罗，在 5 世纪时到达长安，向鸠摩罗什请教《中论》的有关问题。鸠摩罗什向他作了详细回答，佛陀跋陀罗听后十分佩服，深觉罽宾地区（今克什米尔一带）的小乘学者如鸠摩罗陀和诃利跋摩等人远不如大乘学者如鸠摩罗什。由此可见《成实论》确属小乘。在中国南朝梁武帝时代，大力弘扬大乘，排挤、贬斥《成实论》学者，这个史实也证明《成实论》是小乘。

呵大执

大执，就是指那些偏执于各自理论而执迷不悟的大乘学派，主要是《毗昙》学派、方广道人、《成实》学派。吉藏认为它们在二谛学说方面是有偏差的。

（1）《毗昙》学派

首先，吉藏批评《毗昙》学派不知诸法皆空，却执迷于诸法实有，迷失于这种虚幻不实的"假有"，于是就迷失了世谛。

其次，吉藏认为《毗昙》学派既不知诸法"假有"，更不知"假有"的本性是空，是无所有，这样又迷于真空，最终又失于真谛。

总之，吉藏批评《毗昙》学派是真俗二谛皆失。

（2）方广道人

方广道人乃古印度误解大乘空之真义，而主张邪空的一派。方广道人既执迷于错误的空，作个不恰当的比喻，就是鼓吹虚无主义，所以也就认识不到还有虚幻不实的"空"存在，因此失于世谛。既然他们只知道错误的空，也就不懂得真正的"空"，因此也不理解真谛。

（3）《成实》学派

《成实》学派虽然懂得二谛，但或者说二谛是浑然一体的；或者说二谛是二体，俗谛有俗谛自己的体，真谛有真谛自身的体，二谛体是分开的。因此，他们非但无法建立起二谛，而且也丧失了二谛。

首先是二谛一体。二谛一体的说法错误在哪里呢？吉藏回答说："若俗与真一，真真俗亦真；若真与俗一，俗俗真亦俗；若真真俗不真，则俗与真异；若俗俗真不俗，则真与俗异。故二途并塞，一体不成。"这段绕口令似的话到底是什么意思呢？吉藏的意思是说，如果俗谛和真谛是合二为一的，俗谛包融于真谛之中，那么俗谛也就是真谛了；如果说真谛和俗谛合为一体，那么真谛包含在俗谛中，那么真谛也是俗谛。如此一来，俗谛、真谛就只能存在其中一个，哪里还有俗谛、真谛二类呢？都只有一谛了，也谈不上二谛一体了。相反，如果真谛是真谛，俗谛不是真谛；或者俗谛是俗谛，真谛不是俗谛，那这两种说法不就变成了二谛异体了吗？如此说来，二谛一体就只剩下一谛，要么是俗谛，要么是真谛；二谛都存在，那也无从谈一体，所以两方面都说不通。

其次是二谛异体。吉藏指出二谛异体的提法也是不对的。吉藏征引《心经》的说法来支持他的观点。《心经》说："色即是空，空即是色。"意思是说事物（色）就是空，空就是事物。吉藏以此为根据，指出"若言各体，相即便坏；若言双即，便二体不成"。"即""相即"都是指二物融为一体而无差别。如果主张二谛异体，那就破坏了色空"相即"、互相融合的佛理，这显然不符合佛教宗旨；如果说二谛相即、相融合的，那何来二谛异体呢？这真可谓"进退无通"啊！

二、显正

吉藏通过反复辩论，已经对外道、《毗昙》《成实》和大乘中的错误思想进行了猛烈的抨击，接下来，吉藏要彰显其所代表的三论学派理论的正确性。

在任何时代，某种理论、某个学派要宣扬自己的思想，求得自身的发展，免不了要和其他理论、学派产生矛盾、斗争。所以在三论学派批评其他学派的同时，其他学派必然也会反过来予以还击。他们"咸疑龙树非是正师，所造之论应为邪法"，所以吉藏接着要为龙树进行辩护，以显示龙树的正确性，进而表明三论学的正确无误。吉藏的辩护主要分为两部分："一明人正，次显法正。"所谓"人正"，就是指龙树等人是佛法的正统传人，所谓"法正"，就是说龙树等人的《中论》《百论》

《十二门论》所说的佛法是正宗的佛法。

明人正

吉藏主要是列举佛经来证明这一点的。吉藏引《楞伽经》。该经记载，大慧菩萨问佛陀："如果佛陀您灭度后，由谁来继承您的佛法呢？"佛陀回答说：我灭度之后，在南天竺国中，有大德比丘，名龙树菩萨，为人说大乘佛法，能破斥人们的邪见，从而能使他们往生到西方极乐世界。

吉藏引用的第二部经是《摩诃摩耶经》。该经说七百年以后，有一比丘名曰龙树，破斥邪道，令大乘佛教盛行。

通过引证以上两部佛经可见，龙树是佛亲自授记指定的佛法传人，学统正宗，因此龙树所说佛法就是最纯净的佛法，这是毫无疑问的。

《成实》学者认为据《增一阿含经》等佛经记载，诃梨跋摩也是佛陀亲自授记的，佛陀在遗言中明说佛陀去世五百年后的一千年之间，就由诃梨跋摩弘扬佛法，所以撰著了《成实论》。对于这种说法，吉藏认为《增一阿含经》没有特别单独指出诃梨跋摩一人，所以不能成为诃梨跋摩得到佛授记的根据。

综上可见，吉藏通过寻绎佛经和驳斥《成实》学者言论，从正面和侧面两方面肯定了龙树传法的正统性。这就是所谓"明人正"。

显法正

有人问：龙树著述部数和类数都有很多，三论偏重于演说"空"理，而佛法还有很多其他理论，所以三论似乎不是佛法的全部吧？吉藏从两方面予以反驳。

首先，僧叡《中论序》认为看到由一百根大梁所构建的大厦（喻大乘佛法）之雄伟，就鄙视茅草屋（喻小乘佛法）的狭窄和简陋，看到这部《中论》宏大，就备感片面主张觉悟的小乘佛法之鄙陋。吉藏由此认为正因《中论》之宏大，所以鸠摩罗什由原来的小乘佛法转变到钻研《中论》上来了。以上是从僧叡和鸠摩罗什的言行来证明"法正"。

其次，僧叡《中论序》中还说古印度各国学习《中论》的学者没有不仔细玩味体会《中论》的，以为是佛法的要义。所以吉藏反问《成实》学者说：如果三论是偏重"空"理，怎么会有各国学者争相学习呢？所以后世学者都是凭借《中论》而解脱对佛法的迷惑，可见，《中论》是对佛法的彻底极尽的最高理论。

总而言之，吉藏认为正理（真理）是未曾有邪正的。"有邪故有正，邪去正不留"，说正是为了破邪，邪既然已经破除，那么也就无所谓正的概念了，最后必然是"心无所著"。正理是超越语言文字的，说它是有、无、亦有亦无、非有非无，都是不对的，都停留在有所得的层面。

三、破邪显正的方法论

龙树根据《大般若经》的"空"思想建立了中观学说的理论体系。龙树是"唯破不立，只遮非表"，即从各个方面指责对方立论中存在的不足和矛盾之处，使其立论不能成立，从而达到自己所要证明一切事物本质是"空"的目的，而不另外立论。吉藏在积极贯彻龙树等人"以破为立"的论破特色之基础上，也提出了自己的论破方法。

吉藏在《百论疏》中提出了自己的论破方法。他说："若论始末有二破：第一，就缘破，如就执有，求有无从；第二，对缘破。但对缘破有二：第一，借有破无，借邪破邪；第二，申正破邪，即今此文是也。以外道不出因中有无，有即是常，无即是断。今对有无断常明非有非无不断不常破。"从这段话中，我们可以知道，吉藏的论破方法主要有两种：第一是就缘破，第二是对缘破。另外还有一种方法为并决破，但这种方法在吉藏所有著作中极为罕见。

（1）就缘破

什么是就缘破呢？就是先遵循对方的论点，然后指出对方论点中存在的破绽，最终将对方论点引向错误的结论，导致对方论点不能成立。在印度的中观学派当中，被称为"应成法"，这是龙树最常用的方法。比如，对方说"有"，那吉藏就按照"有"的思路进行论述，最终指出这种论点的错误、不足，从而说明对方说"有"的观点不能成立。这种论破方法是只指出对方的错误而不建立自己的结论。

（2）对缘破

这就是用一个论点去批评另一个论点。这种方法可再细分为两个方式。第一个方式是借用错误的"有"去批判错误的"无"。第二种方式是利用正确的"正"去破斥错误的"邪"，比如外道主张有无断常，那么就用不断不常、非有非无去破斥外道。这种方法是要有自己的结论的，如主张"无"或主张"正"理，以驳斥对方的矛盾和错误。

（3）并决破

所谓"并决破"，就是"既本有自体，不假缘有，亦应自体本生，不假缘生也"。这主要针对那些主张万物有自体观点的人。意思是说既然万物有自体，不需要因缘也能存在、生产。比如树木，如果有自体的话，那就不要土壤、水、光等外部因素就能自己产生自己。那显然是不可能的。进一步说，万物有自体的说法就是错误的。

在使用论破方法时，吉藏认为要分析对错是非，既不能全破除，也不能全收取，必须遵循一定原则。原则就是：破不收，收不破，亦破亦收，不破不收。

破不收。就是对方的观点不符合佛教正理，就只有破斥而没有收取其中合理之处。比如《大智度论》就斥责迦旃延的弟子说：小乘的经律论三藏都没有这样说，大乘三藏也没有这样说，都是论师自己这样说。这就是"破不收"。

收不破。 就是对方主张符合佛教正理，就只收取而不破斥。比如外道窃取了佛的佛法，就如同盗贼偷取了自家的耕牛，只需把佛法或牛收回就行。又比如，佛经中常说我们经常看到虫子啃食树木，偶尔会在树皮树叶上咬出文字的形状来，但那只是机缘巧合而已，并不能认为虫子聪明到识字或者有意识地咬出文字来。西方有类似说法是：假设让一只老鼠终日在一台打字机上跳来跳去，如果给以足够长的时间，总有一天老鼠会碰巧打出整行的莎士比亚诗句。这就是说外道（虫）偶尔说中佛教正理（文字）也要被收回。这些都是"收不破"的例子。

亦破亦收。 就是虽然学习的是佛教，但由于对佛理产生错误的理解，这就要又破斥误解，又收取所学的佛教。

不破不收。 这是指一切事物的真实相状是不可说、不可想的，这是吉藏心中至高真理——中道实相，那就既不能破斥，也不能收取。

四、二正和三正

体、用二正

通过以上文字初步介绍了吉藏破邪显正的理论，我们知道了破邪和显正的对象，那么不禁要问：吉藏心目中所"显"的"正理（真理）"到底是什么样的呢？吉藏的回答是："以内、外并冥，大、小俱寂，始可名正理。"这就是"超四句""绝百非"的。但问题是既然正理是"超四句""绝百非"，无法用语言文字描述的，那么为什么在林林总总的佛经中还不遗余力地宣扬各种理论呢？这不是产生矛盾了吗？

吉藏对此解释说：虽然正理是超越四句的，但并不是说真的就不存在这四句，因为众生一上来就听闻佛理是超越四句、不可言语的，就误以为佛理就等同于哑羊外道，以闭口不言为圣行。为了澄清这个误解，所以佛迫不得已，暂时用语言文字来表述自己的立场，使众生迷途知返。所以吉藏将"正理"分为"体正"和"用正"。"正理"本身是非真谛、非俗谛的中道实相，无法用语言描述，所以称为"体"；没有任何偏邪错误，所以称之为"正"。所谓"用正"，即是"正理"无法用语言表述，这样众生就不能懂得这个"正理"，这理虽然不是有无，但勉强假借真谛、俗谛来表达，所以称为"用"；这个假借的真谛、俗谛也是没有偏邪错误，所以也可认为是"正"。

那么，为什么要建立体正、用正呢？这还要回溯到佛法流传在世的时期说起。一般来说，佛灭后，教法住世，依教法修行，即能证果，称为正法时期。此后，虽有教法及修行者，多不能证果，称为像法。最后，教法垂世，人虽有禀教，而不能修行证果，称为末法。吉藏认为像法、末法时期，修行者大多堕入偏邪之中，直到四依菩萨龙树出现后，才匡正了错误的佛法，所以称"用正"。既然懂得了正确的佛法，就是"体正"。

三种"正"

吉藏还把"正"分为三种：对偏正、尽偏正、绝待正。

所谓"对偏正"，就是说针对断见、常见等偏邪见解而显示正理，即对于大小二乘学人有断见与常见、空见与有见等偏见之病，而说非空、非有等正理。

所谓"尽偏正"，就是去除断、常等偏见而显现正理。

"绝待正"，就是说去除了偏邪见解，"正"也随之消失不存，这样就到达了既不是"偏"，也不是"正"的程度，这就是中道，所以不知用什么来赞美它，勉强赞扬它是"正"。事实上，这"绝待正"就相当于"体正"，而"对偏正""尽偏正"仍处于"用正"的状态。

第5章

吉藏的二谛学说

　　吉藏十分重视二谛理论。二谛就是前面说的"用正"部分。吉藏认为二谛在佛义中占有极为重要的地位。如果能透析二谛深意，那么不但能领悟四论，而且能明了一切佛教经典。这一说法将二谛的重要性提高到了顶点。

一、二谛是教，不关境理

　　吉藏说："二谛者，盖是言教之通论……知来常依二谛说法。一者世谛，二者第一义谛。故二谛唯是教门，不关境理。"吉藏说所谓"教"，以正理本来是不二中道，而为众生说二谛，所以为"教"，而其他学派是以二谛为"理"的。所谓"理"，就是不二之理、不二中道。这就是说二谛只是教化众生的手段，其最终目的是要众生懂得不二中道。也就是说，二谛应该归到前面所说的体用二正中的用正，或划入对偏正和尽偏正之中。吉藏从以下五个方面来加以说明。

　　第一，正理是不二中道，是非有非无的。我们现在说二谛有无，是为了便于教化众生，所以说二谛是教。

　　第二，佛陀等圣贤体悟不二正理是不落有无的。但佛等圣贤针对众生执迷于说有说无，而不知中道实相，为方便教化，所以说有无，这只是借说教以显不二正理，所以说二谛是教。

第三，很多人坚持认为有无就是真理。这种观点由来已久。这样断常二见根深难以倾拔。为了拔除二见，所以要说有无能通不二正理，但有无不是究竟彻底的正理，不应执着于有无之中，所以二谛是教。

第四，佛经、论都表示说二谛是教。因为有无是各种邪见的根源，所以一切经论都要呵斥二见。比如凡夫执着于有，二乘执着于无；爱多者执有，见多者执无；外道四见者执有，邪见外道者执无；佛法中五百论师执有闻毕竟空；方广道人执无不信因果；九十六种外道所执也超不出有无。如果再对他们说有无是二见，反而变本加厉增加各种二见之心了。所以权宜之计先表明有无是教门，能通不二之理，不应住有无中，这是为了平息各种有无二见，经论明有无是教门。

第五，学佛者听闻二谛是教，能通向不二中道，能超凡成圣，所以说二谛是教。

吉藏还引佛经、论为证。《中论》云："佛依二谛说法，故二谛为教。"《大品般若经》云："菩萨住二谛中，为众生说法。"龙树说菩萨为执有者说空，为执空者说有。

此外，吉藏在《十二门论疏》中解释二谛是教的含义和作用说：第一，破除众生断常、有无等迷倒邪见，为执有的众生说第一义谛，为执无的众生说世俗谛；第二，能显示正理，二谛是教，通过言教能够显示不二正理；第三，众生通过二谛言教可以悟解正理。

二、于二谛和教二谛

什么是于二谛、教二谛

吉藏虽然证明了二谛是教，但这样的论证还是有不少漏洞。因为二谛是教，但《中论》明明只是说"诸佛依二谛，为众生说法"，并没有说到二谛是教。吉藏认为只要将二谛分为于二谛和教二谛，就能解决这一疑问。吉藏说："我家明二谛有两种：一教二谛，二于二谛。"吉藏把二谛区分为"于谛"与"教谛"，它的理论依据是《中论·四谛品》中的偈颂："诸佛依二谛，为众生说法，一以世俗谛，二第一义谛。若人不能知，分别于二谛，则于深佛法。"于谛的"于"字，根据后人的解释，所谓世俗谛，一切法本来在客观上是性空而没有真实的自体可得的，而世间众生违背性空原理，主观上认为是实有的，生虚妄法，所以"于"世间众生是实；而诸佛贤圣知道一切法皆空无生，所以"于"圣人是第一义谛名为实。显然，"于"的意思就是"对于"凡夫或圣人来说。

那么，什么是于谛、教谛呢？在吉藏眼中，诸法实相本来是非有非无的中道，但是凡夫不知道这个道理，以为诸法就是实有。所以这种凡夫所谓的实有，对于世俗来说就是于二谛中的俗谛。而出世的圣贤懂得诸法是空，圣贤认为这种空是真实的，这就是于二谛中的真谛。但是，本来非空非有之法，对于凡圣两种人来说，就成为执有执空的两端，这就是"空、有二谛"，"空"（对）于圣人（指诸佛菩萨）为"实"（真实的实相），"有"（对）于凡夫众生来说是"实"，这两种理（谛）就叫作"于二谛"或叫"二于谛"。也就是说根据不同对象，而有不同真理，这就是"于二谛"。教谛则是诸佛菩萨如实了知非空非有中道之理后，为了教化众生，说有说无，目的是借由有无之教以消除凡夫圣贤的有无之见，而令其悟解非有非无之诸法实相。诸佛菩萨依此有无而说，这就是教二谛。

吉藏提出于谛、教谛的目的主要还是在说明和主张二谛是"教"，而"于谛"只是说明它是不究竟、不合中道的两种偏执，都是佛陀所要破斥的对象。教谛是言教的手段。吉藏从"依二谛"与"说法"两个方面来解释二谛："二谛是本，说法是末；二谛是所依，说法是能依。"这样一来，吉藏就把二谛区分为两种，即能依是教谛，所依是于谛。诸佛说法是教谛，说法所依的是于谛。

二种于谛

吉藏进一步将"于谛"分为"所依于谛""迷教于谛"两种。

吉藏认为在佛陀之前有凡夫和圣人两种人，由此也存在着"有""无"两种见解，这就是所依于谛。其中，"有"见是错误的，所以称为"失"；而"无"见是正确的，也就是"得"。之所以称为"所依"，这是因为佛陀依据它们而宣说"有""无"二教，亦即"有""无"二教的根据，所以称为"所依于谛"。而佛陀依据"所依于谛"所宣说的"有""无"二教，则是"教二谛"。众生听闻佛陀宣说的"教二谛"之后，有人得了解脱，成为体悟"无"（"空"）的圣人。另外一些人虽然也听闻了"教二谛"，但是却仍然无法体悟"无"的教理，这些人就是凡夫。凡夫和圣人这两类人由于听闻"教二谛"后，分别执着于"有""无"，因此皆有过错。这种误解佛陀本意的"有""无"二谛，称为"迷教于谛"。这明显不同于"所依二谛"，因为"所依二谛"是佛陀说法的根据，是一切二谛的根本。而"迷教于谛"确实是有了"所依于谛"之后才有的，因此是枝末。

那么吉藏为什么要提出二种于谛的概念呢？吉藏说："如来所以说二于谛者，欲令众生一节转，两节转，说于令悟非于非不于。"也就是通过节转来觉悟非于、非不于的中道实相，于谛是令众生最终觉悟的一个方便法门。

什么是一节转呢？一节转就是有情众生执着"有"为实，佛陀要破斥这种错误的"有"见，于是贬"有"为俗，褒"空"为真，使人通过破"有"而悟不有（"无""空"）。但是佛陀说"有"为俗，说"空"为真，只不过是要借"有""无"的概念，来破斥众生的妄情分别，是用根据二于谛来说明中道实相，所以就有了两节转的出现，这是要求众生放弃"有""空"二见，以悟入非有非空的中道实相。

三、四重二谛

前面说到二谛仅是"教"，目的是要人懂得中道之理，所以吉藏进一步创造性发明了四重二谛。

第一重，有是世谛，无（空）是真谛。

这一重二谛是破斥凡夫有见。凡夫谓诸法是有，所以说诸法有为俗谛，空为真谛，正为破凡夫有见故，说有为俗，空为真谛也。这一重二谛说有为俗谛，空为真谛，目的在于引导众生从俗入真，舍凡取圣，《中论》中的二谛主要是就这一重意思讲的。

第二重，有、空是俗谛，非空非有是真谛。

这一重是破斥二乘人滞空。说空本来是破凡夫有见，二乘人又把诸法空理解为实有空可得，所以这一重讲有是空之有，不是实有，空是有之空，不是实空，有与空都是俗谛，非空非有才是真谛。三论宗非常重视这一重二谛，二谛是教就是根据这一重而确立，有与空都是教；非空非有的中道是理。

第三重，二与不二是俗谛，非二非不二是真谛。

这一重是针对有所得菩萨。有所得菩萨认为凡夫见有，二乘著空；凡夫沉生死，二乘著涅槃。我解诸法非有非无，非生死非涅槃。非有非无即是中或者不二，是对治有、无偏病而说的，有所得菩萨却认为离开有、无实有中可得，所以偏是一边，中是一边，二者都是世谛，非二非不二是真谛。

在这三重二谛中，每一重二谛中的真谛在后一重二谛中则成为俗谛，后一重二谛是对前一重二谛的否定。因为每一重二谛都是在破除执着，通过二显示不二，如果把二谛理解成为定性、实有，则是有所得，本来说二谛是为了破除执着，却又成了新的执着，所以还要不断地破斥。

第四重，前三重二谛都是世谛，无所依得之中道是真谛。

前三重二谛都是言教，都是相对的分别，从最究竟的真理观看来，凡有所言说都是相对的分别，都是俗谛，只有不可思议、不可言说的无所得中道才是真谛，也就是说真谛不能用语言、概念来表达，无法用思维、逻辑来认识。

除了对治凡夫、二乘人、有所得菩萨外，吉藏的四重二谛还有现实的批判意义。吉藏说针对毗昙学的事、理二谛，用第一重空有二谛对治，指出明若事若理并是俗谛，理事皆空方是真谛；针对成实学的空有二谛，在吉藏看来仅是俗谛，非空非有才是真谛，所以有第二重二谛；对于地论学所谓的依他、分别二性是俗谛，依他无生、分别无相不二是真谛，吉藏指出二、不二只是俗谛，非二非不二方是真谛，这就产生了第三重二谛；摄论学认为遍计执、依他起、圆成实三性为俗谛，以生无性、相无性、胜义无性的三无性为真谛，吉藏认为这些都是俗谛，言妄虑绝、心行灭处才是真谛。

可见，吉藏的四重二谛主要针对当时中国佛教界流行的毗昙、成实、地论、摄论四个学派而提出并给予批判的。

四、中道是二谛之体

"体是理之异名"，也就是本质。前面所述龙树的"八不中道"说，吉藏据此进一步发展，主张二谛以中道为体。成实学派也提出二谛以中道为体。这两种说法异同在哪里呢？吉藏对此极为重视，花费了较多笔墨澄清了这种看法的错误之处，并与他自己的理论划清了界限。

吉藏通过对二谛是教的阐述，澄清了二谛的性质问题，也就是二谛并非客观存在的境理，而仅仅是引导众生成佛的言教方便。二谛是教门，不二是中道，二谛之言教，目的在于彰显中道。同时要通过二谛之教这一津梁，最终悟得不二中道。所以必须进一步追问作为二谛根据的中道是什么，这实际涉及二谛的本质问题。吉藏关于"二谛以中道为体"的依据是《中论》："因缘所生法，我说即是空，亦为是假名，亦是中道义。"吉藏据此认为"因缘所生法"是俗谛，"我说即是空"是真谛，"亦是中道义"是体。

吉藏与成实学派关于二谛之体的根本差别就是二者对二谛性质的理解。吉藏主张二谛是教，要由二谛之教彰显中道之理。而成实学派则主张，二谛本身便是理。吉藏认为如果说二谛一体，就会导致真俗不分；如果说二谛异体，就违背了真俗相即不二的关系。所以吉藏说："真谛为体，则道理有此无为体；俗谛为体，则道理有此有为体。二谛异体者，有为俗体，空为真体，道理有此二，则是二见众生。"

至于成实学派，虽然也讲"二谛以中道为体"，但是与他的观点本质上完全相异。吉藏说："（成实学派）言中道为体者，真谛中道为体，真谛中道还是真谛。故彼序云：二谛者，一真不二之极理，从来言彼相违，彼定不相违，中道还是真谛，真谛还是中道故也。"总之，吉藏主张有教有理，成实学派认为只有教没有理。

以上所谈的都是从教谛方面表明二谛以中道为体，如果从于谛方面来看也是如此："道无有二，于二缘故二，既知于二，即显乎不二，故不二为体也。"也就是说，诸法实相是非空非有的中道，但凡夫认为是实有，偏执于"空"的圣者则认为是绝对的空无，所以空有二谛是针对两种人的偏执而说的，目的是显示不二中道，所以于二谛也是以中道为体。

第6章

吉藏的中道学说

中道思想是三论学者历代极为重视的核心理论。吉藏也说："一切论通明中道正观，故一切论皆是一论；一切经亦通明中道、通明正观，则一切经是一经。"可见吉藏认为所有佛教经论的精髓都是在表明中道思想。中道是二谛之体可以算是吉藏中道学说的概论，其主要矛头是针对成实学派的。下面，我们换一个角度继续来介绍吉藏的中道学说。

一、什么是"中"

什么是中道呢？吉藏对中道有四种不同的定义和分类。吉藏在《三论玄义》卷下说："总论释义凡有四种。一、依名释义，二、就理教释义，三、就互相释义，四、无方释义也。"所谓"依名释义"，就是依据字面解释"中"的含义。"就理教释义"，就是运用佛陀所说的真理来释义。用各种不同名称互相解释称为"就互相释义"。第四种"无方释义"，就是没有固定的方式释义。

依名释义。吉藏从"中"的名称上解释为"中"是真实、是中正。这样解释都是依据佛经，并非凭空臆断。将"中"释为"真实"，来自《涅槃经》。该经"本有今无偈"说："我以前本来不懂中道实相的意义，所以现在有无量无数的烦恼。"僧叡《中论序》说："以中道为名称，可显照其实相。""照"就是"显示"之义。确立"中"这个名称，是为了显示诸法实相，所以说"照其实"。把"中"解释为"中正"，出处是《华严经》。该经说：中正的法性远离一切所能用言语表达的意思，也远离生死流转与涅槃解脱之二边，一切都是寂灭相。这种中正的法性就是中道。远离"偏"就是"中"，相对"邪"来说就是"正"。僧肇《物不迁论》引用《中论》中所说的事物不在观察范围内就知道已远去，远去的事物不一定在观察的范围里，由此来论证"中"是"中正"的含义。

理教释义。这是说"中"就是"不中"的意思。之所以如此解释，是因为诸法实相这一绝对真理是不可以说是"中"，也不能说是"不中"，真理是无法以言语表述的，但为了化导众生，不得不勉强说"中"，目的是说"中"是为了使众生了解"不中"的那种"中"。从这个意义上，吉藏解释"中"是"不中"，也就是"不中"的"中"。

互相释义。这是说"中"释为"偏"，"偏"解为"中"。之所以如此解释，是因为"中"和"偏"是互为因缘、相互依存的。因此说"中"令人悟"偏"，说"偏"使人悟"中"。正如《涅槃经》说：说世谛是为了使人认识第一义谛，说第一义谛目的是认识世谛。

"理教释义"和"互相释义"是防止人们听闻中道之后，不知道佛说中道的因缘，又会对中道产生执着，所以随论随扫，彻底地否定一切二边的对待。

无方释义。这就是说经过了彻底的否定之后，却又触事皆真，积极地肯定了俗谛。从中道的立场上看，一切法皆是中道，所以站在中道的立场上，真俗二谛是不二的，真谛并不是超然于俗谛之上的，而是即世间而出世间，不离世间而得解脱。

二、理中和教中

理中

吉藏认为"中"有理和教之别，作为所诠释的道理的"中"，称为"理中"。它可分为世谛中道、真谛中道、非真非俗中道。

三种中道说法的提出，首先是由成实学派提出的。吉藏认为成实学派的三种中道说法虽然也说道不生不灭、不一不异、不常不断，但都是有所得，最终还是不离断常二见，所以成实学派虽有三种中道，但不是佛法中道。地论学派也有中道说。他们认为阿赖耶识为真，六识为妄，除去六识显示阿赖耶识之后所得的法身具有不生现生、不灭现灭、不因不果的中道。吉藏说这种看法也不对。吉藏认为法身本有，不由任何原因可得。如果是由原因而得到的，那法身就不是本有。如果说不是由原因而得，就等同于外道的说法。如果说法身本有，如何能称之为中道呢？

吉藏认为《中论》以二谛为宗，所以《中论》开始即标明宗旨，以"八不"明二谛。世谛就是从因缘合和的现象方面来说，诸法虽然空无自性但却因缘宛然，所以是无生灭的生灭。由于是因缘假生，所以既不可说生，也不可说不生，这就是世谛中道。真谛则是从本体的真实方面来说，诸法既然都是因缘假有的现象，本体毕竟空，所以说是生灭的无生灭。由于假不生，所以既不可说不生，也不可说非不生，这是真谛中道。二谛合明中道，也就是说世谛无生灭的生灭，真谛无生灭的生灭，其实既非生灭，亦非无生灭，这就是二谛所表示的指非真非俗、言妄虑绝的中道实相。以上是根据二谛分为三种中道。

吉藏把三种中道和四重阶级对应起来，他提出世谛中道、真谛中道属于因缘假，或称为破性中、破自性二谛，而二谛和明中道归属到体中，也称因缘表中道。

所谓四重阶级，吉藏是这样论述的：第一重阶级是以非有非无为中道，目的是说明众缘合成的一切事物，其性本空，没有真实的自体可得，也就是自性空。第二重阶级为防止外人听闻非有非无，即误以为没有真俗二谛，跟着就起了偏执世间和我终归断灭之邪见。因此要说而有而无以为中道，这是说明假中道。第三重阶级是要表明世谛中道、真谛中道是假有非有，假无非无，这是说明用中。第四重阶级是要泯灭假有假无，提出假有假无平等没有分别，这是明体中。

教中

吉藏认为，"中"从它的体性上说无法用言语文字表达，所以它的种类既不是一种，也不是多种。但如果是为了教化众生，就可以分成多少种类了，所以说是"教中"，它可以有一、二、三、四，乃至无穷无尽。一中，就是吉藏眼中的最高范畴中道。二中，就是用二谛辨析中道，因为二谛没有偏斜，所以称世谛中道和真谛中道。三中，就是世谛中道、真谛中道，再加上非真非俗中道。四中，就是对偏中、尽偏中、绝待中，以及成假中。对此四中，吉藏有进一步解释。

对偏中。就是"对大小学人断常偏病"，也就是针对大小乘学人所有的断常、有无等偏病而说的中道。

尽偏中。就是"大小学人有于断常偏病，则不成中。偏病若尽，则名为中"，意思是说由于大小乘学人有断见、常见的偏病，就不成中道。如果消除了断见、常见的偏病，就可称为中道。所以《大般涅槃经》说众生产生错误的见解有两种：一断见，二常见。有此二见，就不能称为中道，只有去除了二见，才能称为中道。

绝待中。就是"本对偏病，是故有中，偏病既除，中亦不立，非中非偏，为出处众生，强名为中"，亦即绝待中本来是为了纠正偏病的，因而有中道，现在偏病既然已去除，那中道也就无须建立了，这样就达到了非中非偏的境界了。但无奈为了教化众生，只能勉强建立一个中道。所以《中论》说如果没有开始和终结，哪里还有中间呢？《大品般若经》也说远离断见、常见二边见，不执着于中道。这一论一经所说的都是绝待中。

成假中。这是说有、无都是假名，非有非无才是中道，由于要说明非有非无，故而要说有无，这样的中道，是建立在有无基础上的假名，这就是成假中。吉藏为什么要创造成假中这个概念呢？他说这是因为中道是不存在有无的，但也是为了教化众生而不得不假说有无，因此以非有非无为中道，以有无为假名。

三、八不在佛教中的地位

八不，就是《中观·观因缘品》中的偈颂："不生亦不灭，不常亦不断，不一亦不异，不出亦不来。"

吉藏十分重视八不在佛教中的地位，自称曾在江南时就钻研累年。他说："八不者，盖是正观之旨归、方等之心骨，定佛法之偏正，示得失之根原，迷之即八万法藏冥若夜游，悟之即十二部经如对白日。"可见八不是中道正观的宗旨，是大乘佛教的主心骨。它能决定佛法的偏失和正宗，也是佛法得失的锁钥。如果对此有所迷失，那么对八万法藏（八万四千之法藏，即一切佛典）也无法了解，就像在黑暗中游走一般；反之，如果领悟八不的道理，那就对十二部经（指一切佛典）明白得如同白天一般清晰。可见吉藏将八不抬高到一切佛学的核心地位，具有统括一切佛法的制高点地位。具体来说，吉藏认为八不的地位表现在十个方面。

第一，八不阐明了十二因缘不生不灭的思想。

《涅槃经》也说十二因缘具足五性义。所谓五性，就是境界佛性、观智佛性、菩提果性、涅槃果佛性和中道佛性。吉藏是这样阐述的，他说以十二因缘不生不灭能生观智（观察真理的正智），即境界佛性。能产生观察到无生灭的智慧，即观智佛性。观智明了就是菩提果性，而断常二见最终归于寂灭，即大涅槃果佛性。但十二因缘本性寂灭，未曾有境界佛性，也不是观智佛性、菩提果性、涅槃果佛性，所以就是中道正性，也就是说十二因缘不生不灭具足五性。据此，吉藏提出八不具有五性。

第二，八不即是"雪山全如意珠偈"。

"雪山全如意珠偈"的故事来历：据说释迦牟尼成佛前曾在雪山苦行，修菩萨道，名为雪山大士。山中非常清净，有流泉浴池，有无数树林药木，石头间处处流淌着清冽的泉水，四周开满香花，各类鸟禽兽不计其数。大士独处其中，采野果为食，吃完就静静坐禅。大士一直坚持着苦行，不知过了多少岁月。佛教的护法神帝释天惊讶于大士的勤苦，准备亲自前往试探，看看修行者的心志是否坚定，就变成了罗刹，样子非常可怕。罗刹来到雪山，在距离大士不远的地方停了下来，用清雅的声音宣说过去佛所说的半偈："诸行无常，是生灭法。"大士听闻此偈，心生欢喜，就像商人在黑夜行走于险难的地方失去了同伴而心生恐惧之时找到了同伴，也像久病之人遇上了良医，也像没入海里的人遇见了船只，又如干渴的人见到了甘泉，总之是欣喜之情难以言表。大士来到罗刹面前，问罗刹："如此美妙的偈颂，你是从什么地方听到的？你如果能为我说完这首偈子，我愿意终生做你的弟子！"罗刹回答说："你的思想还是太为自己着想了！以致都没看出我正为饥苦所逼！"大士问："你要吃些什么东西呢？"罗刹说："我要吃的只有新鲜的人肉，要喝的只有人的热血。"大士说："你只要说完半偈，我愿意用此身供养。人生难免一死，这个身子并没有什么用处，到头来还不是被虎狼鸱枭雕鹫这些野兽所食，却得不到一丝一毫的幸福。与其那样，还不如奉献给你。"罗刹再次问："你真的能为了半偈而牺牲人人贪爱的肉身？"大士坚定地说："牺牲脆弱的肉身，换取坚固的法身，我决心已定！"罗刹点了点头："既然这样，你且用心听着，我为你宣说其余的半偈。"于是，便声如金石地长吟道："生灭灭已，寂灭为乐！"大士听闻此偈，深思其中的深义，便在岩石、墙壁、树干、道路上到处书写此偈。然后爬上高树，准备从上面跳下来，摔死自己供养罗刹。他眼睛一闭，双手一松，就毫不犹豫地从高树上跳下。"好一个为法捐躯的修行人！"罗刹暗自赞叹，当即恢复了帝释天的形象，在半空中接住了大士下坠的身体，稳稳当当地放到平地上。大士睁开眼睛时，帝释天、大梵天王等都纷纷在他的脚下稽首顶礼。这是《涅槃经·圣行品》记载的一则故事。雪山大士不是别人，就是释迦牟尼的前生。

雪山大士为之舍身的这四句偈子，概括了全部佛法，道破了一切事物生灭无常的本质，指明了断生死、证涅槃的解脱目标。前半偈："诸行无常，是生灭法。"意思是，所有事物的运行都是无常变化的，有生就有死，有死就有生。特别是后半偈，意义极大。"生灭灭已"，是永断于生死；"寂灭为乐"，即是常得无量乐。这个故事也叫"雪岭投身""半偈杀身"，后来成为禅林经常引用的典故。

吉藏认为此偈上半偈表达了无生灭生灭义，下半偈说的是生灭无生灭义。如果只有生灭而没有无生灭，那道理还是没有说尽，因此称为"半"；若只有无生灭，没有有生灭义，道理也是没说足，所以也只能称为"半"。只有既有生灭，又有无生灭，意义方才完整，所以名"全如意珠"。八不否定性实生灭，才能显示出无生灭生灭，所以成为上半偈意；八不阐明无假生灭，因此是生灭不生灭，就是下半偈意。

第三，八不反映了《大般涅槃经》中说的"本有今无偈"义。

偈云："本有今无，本无今有，三世有法，无有是处。"吉藏认为上半偈是无三世三世义，下半偈是三世无三世义。无三世三世即是无生灭生灭义，就是说破性实有所得三世，这是第一重八不。下半偈明三世无三世，即生灭无生灭，这是第二重八不。无三世，三世就不是三世；三世，无三世，也就谈不上是无三世。所以说非三世非无三世，这就是为中道。如果能悟到这个道理就是正观，用语言文字表达出来，就称为论，这是第三重八不。

第四，八不就是三种般若。

三种般若，就是《大品般若经》所说的实相般若、观照般若、文字般若。《大品般若经》说菩萨坐道场时，观察照见十二因缘如同虚空一样不可穷尽，以观察照见十二因缘不生不灭能生观智，所观察照见的十二因缘十二不生不灭，这就是实相般若；由观智而产生出来的智慧，就称观照般若；但是十二因缘与境智更无二法。十二因缘本无生灭，只是颠倒违背正理才成为生灭十二因缘。如今能了悟生灭十二因缘本不生不灭，就能称为无生灭十二因缘。就所能观察照见到的境界来说，十二因缘为境，如果从能观察照见的智慧角度来说，十二因缘就是菩萨观。体悟到能观之智慧（智）与所观之对象（境）无二，完全泯除主观客观的分别意识而融合为一体，并以此体悟为众生演说佛法，称为论，也就是文字般若。这样吉藏就将八不和三种般若一一对应起来。

第五，八不是《维摩经·入不二法门》。

《维摩经·入不二法门品》中记载三十多位菩萨讨论不二法门。其中法自在菩萨第一个发言。他说："生灭为二，法本自不生，今亦无灭，得此无生法忍，是为入不二法门。"不二法门，就是唯一无上的趣入佛道的门径。法自在菩萨的意思是说生与灭的两对立法，但诸法本来无生，现在也就不灭，得到这种诸法无生灭的无生法忍认识，就是入不二法门。吉藏认为此入不二法门即是"中观论"三字。不二法门，所以称为"中"；能生观智，所以称"入"。各位菩萨说入不二，即是八不。

第六，八不就是《妙法莲华经》。

为什么这样说呢？《妙法莲华经·药草品》中说："究竟涅槃、常寂灭相，终归于空。"就是说究竟涅槃相、常寂灭定相等诸如此类的种种相状，最终都可归结为空相。光宅认为这种空相是断除一切身心烦恼的灰身灭智，这是小乘阿罗汉果的境界。吉藏认为此空从横向上论是理超八事，从纵深方面说是四句皆绝，不知用什么来为它定名，勉强称为空罢了。因此我们可以推知此空即是八不。

第七，八不即是正法。

吉藏认为《华严经》虽有七处八会，但其主要宗旨是明正法。七处八会，是华严宗用语。依六十卷《华严经》所载，佛陀说该经的处所有七处，其中人间三处，天界四处。前后共计八次说法会，所以称"七处八会"。正法，就是佛教正确的教法。所以《华严经》说："正法性，远离一切言语道，一切趣非趣，悉皆寂灭性。"这段话是说佛教正法，其本性远离一切言语所表达的意思，也是远离一切往生的生死世界和无往生的涅槃境界，所有事物的相状都是空寂。所以正法为《华严经》之本。这种正法就是中道，中道就是不生不灭不断不常。因此八不如果成立，正法就能随之而显示。正法显示了，因果便能成立。所以说《华严经》的核心宗旨（正法）就在八不之内。

第八，八不即是如来真应二身。

《涅槃经》云："中道之法名之为佛。"据此，吉藏主张八不明中道，也就是明佛义，而佛具有真身、应身。由八不就能领悟自身生灭无生灭，名为法身，也就领悟自身无生灭生灭，名为应身。既然见到自己具备真、应二身，就是见到十方诸佛真、应二身。

第九，八不是一体三宝。

三宝指佛、法、僧，名称虽异而其本体实同，所以称一体三宝。《华严经》中说："一切法不生，一切法不灭。若能如此观，诸佛常现前也。法性本空寂，无取亦无见，性空即是佛。"这是说只要能明心见性，则知一切法本来不生，所以也无灭，佛性不生不灭，诸佛与我同一法身，无时无地而非佛。所以吉藏说"法即是佛"。这法、佛未曾相乖离，和合称之为僧。所以说八不中"不生不灭"一句具足三宝，将它放在《中论》之初，就有归敬三宝的意义。所以吉藏说："不识八不岂识归宗地耶?"《涅槃经》云："如来不说佛法众僧无差别相，唯说常住清净二法无差别耳。"这是以三宝等同不生不灭，因此称为常。常，所以三宝一体。所以《华严经》说："同相三宝者，谓同一法性真如，有三义不同，谓觉义、轨法义、和合义。"

第十，吉藏的老师法朗说标示这八不含摄一切大小乘佛教、佛教内及佛教以外的一切教说。

有所得人心中所想、口中所说，都不约而同堕在生不灭、常断、一异、出来这八事之中。如今只要破斥此八事，就等于破斥了一切大小乘佛教、佛教内及佛教以外的一切教说，因此一定要阐明八不。

第 7 章

吉藏的佛性论学说

佛教以成佛为众生最终目的，而佛性乃成佛的正因。如果无佛性，众生就没有成佛的可能，所以佛性思想是佛教的核心思想。中国古代许多高僧亦以佛性作为区分大、小乘之别的重要因素。吉藏生活的时代，正是涅槃佛性理论广为流行之时。作为三论学者，吉藏对佛性也极为重视，并以中道学说为基础，将涅槃学纳入中观学系统中，对佛性问题提出了自己的看法。

一、以中道为佛性

非真非俗中道佛性

在吉藏之前，对于佛性的本质——正因佛性，历代众说纷纭，争论不休。"正因"，就是主要的原因。经过吉藏的总结，林林总总有十一家之多。为简明起见，以图表示（见下页）。

吉藏将这十一家说法归结为三类：第一，以众生、六法（五阴及人）为正因；第二，以心为正因；第三，以理为正因。吉藏认为，这十一家关于"正因佛性"的观点都是错误的。

那么吉藏眼中的"正因佛性"是什么样的呢？他说："一

往对他，则须并反。彼悉言有，今则皆无；彼以众生为正因，今以非众生为正因；彼以六法为正因，今以非六法为正因。乃至以真谛为正因，今以非真谛为正因；若以俗谛为正因。今以非俗谛为正因。故云非真非俗中道为正因佛性也。"吉藏的看法与上述十一家全都相反，他认为"正因佛性"，它不是"有""众生""六法""真谛""俗谛"，而是"非真（谛）非俗（谛）"的"中道"，这才是真正的"正因佛性"。

诸家次序	学说主要内容
第一家	以众生为正因佛性
第二家	以六法为正因佛性
第三家	以心为正因佛性
第四家	以冥传不朽为正因佛性
第五家	以避苦求乐为正因佛性
第六家	以真神为正因佛性
第七家	以阿梨耶识自性清净心为正因佛性
第八家	以当果为正因佛性
第九家	以得佛之理为正因佛性
第十家	以真谛为正因佛性
第十一家	以第一义空为正因佛性

　　至此，吉藏让我们明白了他心目中的佛性——非真非俗中道佛性。吉藏认为《涅槃经》处处皆明佛性，其中尤以《师子吼菩萨品》文为证。据此，吉藏的中道佛性观是以《涅槃经》为其理论基石。吉藏将《涅槃经》中所说的"不见空"解释为"除空"，即断除对"空"的执着；"不见不空"理解为"除不空"，即摆脱"不空（有）"的执着，并且要除智、除不智，这样就远离了断见、常见，不著二边，这就是中道佛性。

非因非果中道佛性

因果佛性的说法来自《涅槃经》。这部经提到佛性分为四种：因、因因、果、果果。

首先，因佛性。吉藏认为因佛性就是境界因，是指十二因缘。十二因缘，就是无明、行、识、名色、六入、触、受、爱、取、有、生、老死。"言境界因者，即是十二因缘能生观智。以是观智境界，故名境界因。以能生观智之前缘故，亦名缘因。"这是说要运用智慧所观察到的境界，只有懂得了这一境界，才能明了中道佛性，所以称十二因缘为因佛性。

其次，因因佛性。吉藏认为因因佛性就是缘因。"观智能了出佛果，故名了因。既了出佛果之缘因故，有时呼了因以为缘因也。"这就是说十二因缘所产生的观察真理的正智。而十二因缘已经是"因"了，而此种观察真理的正智因为十二因缘这种"因"而产生的，所以这种智慧称为因因佛性。

再次，果佛性。所谓果，就是指阿耨多罗三藐三菩提，"菩提者，此言正遍知道"，也即是无上正等正觉。它是由修观智，证得佛阿耨多罗三藐三菩提果，所以这种智慧称为果佛性。

最后，果果佛性。阿耨多罗三藐三菩提已是果，由证菩提，以达到断除一切烦恼业因，最后得入涅槃，因此涅槃名为"果果佛性"。

吉藏认为只有上引《涅槃经》中最后一句"非因非果，名为佛性"才是"正因佛性"。在吉藏看来，四种佛性都是傍义，傍义就是有偏差之义。因为这样就导致了即因、果之间不能形成对应，此因不能产生彼果，彼果不是由此因所推导。而三种佛性要么因、果两者有所偏颇，如是因非果、是果非因，都是偏于一面；要么因、果两种全部囊括，如是因是果。所以吉藏强调只有这"非因非果中道正因佛性"才是真正的佛性所具有的实质。

为了清晰地阐明这种"非因非果中道正因佛性",吉藏接着又从佛性概念的角度再次申论。

在吉藏的时代,对佛性含义的解释大约有三种。第一种解释是认为佛性都是"果",这是"果佛性"。第二种解释是"因佛性"。第三种解释是认为佛性同时具有"果佛性"和"因佛性"。

吉藏认为以上三种佛性含义的解释都是不对的。三种佛性的解释之失误根源在于没有远离两边,而是各自执着于一边,以致争论不休。吉藏对三种佛性的批判仍是基于其中道观的立场,所以他说真正的佛性应该是"因果平等不二"。这种"因果平等不二佛性"无在因、无不在因,无在果、无不在果。"此是不二二义。不二二故二则非二,故云二不二是体,不二二是用。以体为用,以用为体,体用平等不二中道,方是佛性。"

那么为什么称为正因中道佛性呢?吉藏的回答是:"然非因非果自可名正,但其在因故名正因,其果则呼为正果。然此正义,终不复可定言,故或时呼为道,或时呼为中,或时呼为正因。若齐言而取,终亦不得,何者言其正也?果自不正,因亦非正,亦非是非因非果,亦不非是非因非果也。问:若尔是何?答:此中无是,故当有以超然悟言解之旨,点此悟心以为正因,付此观心非言可述,故迦叶每叹不可思议也。"吉藏的回答包含两层意思。第一,吉藏回答了为何名"正因"。它是从因处说正为正因,从果处说正,就是正果。这种正因佛性,有时称为道,又可称为中。第二,但是究竟意义上的佛性都是无法用言语表述、不可思议的,是无所谓"道""中""正因"的。

非本非始中道佛性

佛性是本有还是始有?一种说法是众生天生就具备佛性,另一种说法是众生佛性是通过后天修习才获得的。

经中既有两文，当时佛学者也有三种主张。第一种主张是认为佛性本有；第二种主张是认为佛性始有；第三种主张是有本有始，实际上是一种折中说。

对于三家佛性本有、始有的观点，吉藏予以批判。第一，吉藏提出佛性是非本非始的中道。中道是吉藏理论的最高范畴，它是无法用言语表达的。所以《涅槃经》虽然说到佛性本有、始有，但那只是"如来方便"，是教化众生的方便假说，而众生未能明白其中奥秘，以致"执教成病"。第二，吉藏回答了既然佛性是非本非始的，那为何《涅槃经》还提到"本""始"两个词眼的缘故。在吉藏看来，虽然佛性是超越一切，无法用言语表述的，但因为要破去众生认为世间一切有为法皆生灭迁流而不常住的偏执想法，所以才说佛性本有。但众生却误以为佛性"性现相常乐"确有其事，这是误方便为实有，因此"隐本明始"，宣称众生经过修行是能够具有佛性的，其目的仍然是为了破去众生认为佛性本有的误解。

内外有无平等佛性

佛性内外有无义，换句话就是理外有佛性、理内无佛性；或理内有佛性、理外无佛性。吉藏认为这个提法最难令人理解。吉藏先辨理内外，再说有无。

先辨理内外。吉藏与其一以贯之的立场一样，仍然是以不生不灭的中道观来审视理内、理外，认为一切诸法有生灭的属于理外、外道，换句话说就是不按佛法的要求修行，或虽修行却只领悟诸法生灭无常，最终只能证得声闻菩提果（低于佛果位上所得的最高菩提）；而以懂得一切诸法无生灭的中道即属理内、内道，也就是忠实按照佛法的要求修行，领悟一切诸法不生不灭的中道义，最终证得最高菩提果。

再说有无。所谓有无，就是指佛性之有无。它包括理外有佛性理内无佛性、理内有佛性理外无佛性。

(1) 理内有佛性理外无佛性

第一，理外无佛性。"理内"可等同于中道。在中道缘起性空的角度看，既然一切都是般若性空，无所谓有、无，没有万法的实体存在，哪里还有众生可言？所以不仅迷惑事理和流转生死的凡夫没有佛性，而且就是断尽三界见、思之惑，证得尽智，而堪受世间大供养的阿罗汉也是无佛性可言的，更遑论草木之类了。从这个意义上说，执着于理外有无众生、有无佛性，等于探问火中是否有水一样，火中本无水，就无从问起水从何来。

第二，理内有佛性。同样基于"理内"就是中道这一立场，吉藏认为在中道的观照下，一切诸法都是平等、依正不二的，因此不但一切众生有佛性，草木也有佛性。所谓"依正"就是依报和正报，前者指依过去善恶业因而感得的果报正体，后者为依于正报而受相应止住之所的果报。换句话说，前者为众生所依止的物质世界，后者为依住于物质世界的佛、菩萨及一切众生。在真如理中依正平等无二，也就是经中所说的"一切诸法皆如也"。吉藏认为这样说是有经典依据的。他援引《华严经》《大集经》《涅槃经》和《唯识论》说："又《华严》明：善财童子，见弥勒楼观即得无量法门，岂非是观物见性即得无量三昧。又《大集经》云：诸佛菩萨，观一切诸法无非是菩提，此明迷佛性故为生死万法，悟即是菩提。故肇法师云：道远乎哉？即物而真圣远乎哉？悟即是神也。若一切诸法无非是菩提，何容不得无非是佛性？又《涅槃》云：一切诸法中悉有安乐性。亦是经文。《唯识论》云：唯识无境界，明山河草木皆是心想，心外无别法。"以上四部经论都可证明一切诸法无非是佛性。如果这样说可以成立的话，那么"何容不得无非是佛性"？由此众生与草木一如无二，所以只要众生得菩提，草木也应如此。吉藏称这种说法是就"理内有佛性"的"通门"而言，换句话说众生、草木最后到达的境界都是相通的，即都是成佛。

但如果论"别门"则不然。所谓"别门"就是从个体上来说的。吉藏解释说："若论别门，则不得然。何以故？底生有心迷故，得有觉悟之理。草木无心故不迷，宁得有觉悟之义？喻如梦觉，不梦则不觉。以是义故，云众生有佛性故成佛、草木无佛性故不成佛也。"这就是说从"真如理"中的"理佛性"而言，吉藏认为草木成佛说，自然是毫无疑问，但是就"行佛性"而言，因为草木无心，故不迷，不迷则不觉，犹如有梦才有醒觉，无梦当然就不会有梦醒了。所以就觉悟不觉悟而言，当是众生有佛性，草木无佛性了。这是"理内有佛性理外无佛性"的另一种意义。

（2）理外有佛性理内无佛性

吉藏又援引《般若经》和《华严经》的说法，来说明"理外有佛性理内无佛性"的论点。《般若经》和《华严经》中讲的"理"是就成佛的境界而言，在这种最高境界里，众生既已得灭度，也就没有众生了。没有众生，当然也就没有佛性。从这个意义上说是"理内无佛性"。相反，在这种境界之外，还有众生，未得灭度，有众生就有佛性。从这个意义上说是"理外有佛性"。

引文所言的"理"，是指以无所得般若空慧为基础的"中道佛性"之理。在这个理内，一切皆空，不可言诠，虽言灭度无量众生，实无众生可灭度，既无众生，亦无佛性，故言"理内无佛性"。相反，若未能证入此理，则会执有虚幻不实的众生，以为有众生可度，有佛性可证，故言"理外有佛性"。

明见性

探讨佛性，不能不涉及见性成佛。见性是见到一切众生普遍具有的佛性，此性即佛，名为佛性，见自佛性者，当下与诸佛无异。见性成佛是涅槃学派的观点。吉藏认为见性不见性、了佛性不了佛性、成佛不成佛，都是权巧方便的假说而已。

佛弟子迦叶向佛询问为何诸菩萨能见难见性。师子吼也问佛如果说一切众生有佛性，为何不见一切众生所有佛性。十住菩萨，以何等眼不了了见佛，以何眼而了了见。《大品般若经·如来性品》说见有二种：一是十地，或者说是十住，名为慧眼见；二是外道凡夫，名为信见。《师子吼品》说慧眼见，故见不了了；佛眼见，故则了了。十住菩萨，见佛性犹如隔罗縠见物，虽极细薄，但还是有所隔；九住以前未见佛性。但《华严经》说初发心时便能顿悟成佛证得正觉。如果按照《华严经》中所说的话，众生初发心时就能见佛性、了佛性。所以法朗说《涅槃经》所说的十地，应该是菩萨修行过程中"十地"以前之阶位，也就是初地（十地中之第一地）以前的行位，不是真正领悟的菩萨，因而见性不明。而《华严经》所说十地，源于佛智慧，这是真正领悟菩萨，所以说初发心时便成正觉。吉藏引法朗的观点，提出因果本来不二，乃是无二无不二，因而名为不二。虽然是不二，但开为因果二种，菩提心为因，佛是果。此是一重开。第二重开是表明果不能顿而是要渐，所以在因中开为十地。这样在一一地中，或更开为三，乃至为四。如初地先开为十回向，乃至十住等。这是以初地为始，十地为终，是无始终始终，不见而见，这样才是真正的见性。

二、会教佛性

什么叫"会教"呢？简单地说就是比较佛性概念的不同称谓。佛性在各种佛经中有不同的称谓，比如说，在《涅槃经》中称为佛性，在《华严经》中叫作法界，《胜鬘经》中名为如来藏自性清净心，《楞伽经》名为八识，《首楞严经》又名首楞严三昧，《法华经》名为一道一乘，《大品般若经》名为般若法性，《维摩诘经》又称为无住实际。看来佛性的称呼是五花八门的，但吉藏认为这些不同的称谓都是佛性的异名罢了。吉藏是赞同《涅槃经》中的称呼的。他认为这些佛性的异名，都是为了让众生理解中道佛性的种种方便工具，等到真正领悟时，这些异名都要舍弃，所以说"名义虽异，理实无二"。

那么为什么各种佛经对佛性有不同的称法呢？吉藏说所谓佛性，是指以平等不二的大道作为众生觉悟之性。所以从这层意义上说，佛性的不同称谓，其本性是相同的。佛性隐藏于生死中而不显，名如来藏；自性清净心是融合各种心识，本性究竟清净；作为诸法的体性名叫法性；妙实不二所以称为真如；全部还原佛性的真实际极，故名实际；理绝邪乱，摄心不乱，处于绝静，称三昧；明见一切事物及道理，名般若；善恶平等妙运不二法门，名为一乘；理用圆寂称为涅槃。这些名称虽然各异，但实无二相差别。

既然真如法性都是佛性的异名，而佛经说真如法性也是"空"之异名。那么佛性是不是二谛中第一义空呢？如果说也是空，哪得以此为佛性？吉藏说《涅槃经》中说"佛性者名第一义空"，岂非是以空为佛性？如果以空为空者就不是佛性，因此《涅槃经》下文还说"空者，不见空与不空名为佛性。二乘之人，但见于空不见不空，不见佛性"。吉藏的意思是说只有不见到"空"，也见不到"不空"，才算是真佛性。因此执迷于分别有无、一异、是非等之二相，而有取舍之人，不但空非佛性，佛性亦非佛性。如果对内心无所执着、无所分别之人来说，不但"空"为佛性，一切草木皆是佛性。吉藏提出佛性平等，它是非空非不空，非有非不有，非法性非不法性，非佛性非不佛性。如果还执迷于有是有非，那么一切还是是非，还是非；相反，如果除去心里的是、非、无非、无不非，那么一切是非都是是。这里吉藏还是贯彻了中道思想。所谓的"佛性""法性"，其本质不过是假名而已。

第8章

吉藏的解脱学说

佛教是宗教，宗教的根本目标是"超越"，即追求一个超出人之经验世界的价值观。佛陀以及此后千千万万的高僧大德创宗立说，不辞劳苦地开演佛法最终的目标，就是引导众生脱离苦海，过上真正醒觉、不执虚妄的自由解脱生活。前面一章，说到了吉藏佛性论亦即成佛的可能性，此章要说的是成佛之后的境界，也就是解脱思想。关于这个方面，吉藏有多部著作，如《涅槃经游意》《涅槃义疏》《弥勒经游意》《无量寿经义疏》《观无量寿经义疏》等。

一、涅槃是中道

龙树实相涅槃理论，是从否定的角度理解涅槃。而《涅槃经》却是主张"一切众生悉有佛性，如来常住无有变易"，肯定了涅槃是"常（恒常）、乐（快乐）、我（自在）、净（清净）"的境界。可见两派对涅槃的看法截然不同。吉藏继承了前人的道非邪正、无所得中道的传统，对涅槃思想提出了自己的看法。

吉藏明确提出涅槃是中道。吉藏说《中论》中的《因缘品》到《涅槃品》是诸法实相，也是中道，也是涅槃。

既然如此，为什么还要强说涅槃呢？吉藏说是鉴于人们没有能力体悟中道涅槃，如果不说涅槃，就无法度化众生凡夫，所以勉强设立一个叫"涅槃"的名称来说教众生。吉藏提出名有二种：一因缘名，二无因缘名。因缘名就如同佛弟子舍利弗，他为什么叫舍利弗呢？这是有真实原因和根据的，因为他的母亲摩伽陀国王舍城婆罗门论师之女，出生时以眼似舍利鸟，乃命名为舍利。因此舍利弗这个名字，意思是"舍利之子"。所谓无因缘名，意思是没有真实原因和根据的。如坻罗婆夷，它是燕雀，被称为食油燕雀，事实上它并不食油，只是勉强称它为食油燕雀。涅槃也如此，无有因缘强名涅槃。

　　在涅槃无名非无名的无所得中道精神的指导下，吉藏对当时其他学派争议的凡圣、常无常、隐显、半满予以破斥，认为它们之间没有截然不同的分别，一切言教都是佛的方便教化，不能执着于涅槃的凡圣、常无常、隐显、半满。

凡圣

　　这是就凡夫与圣者来说明涅槃的含义。当时有学派提出佛陀在讲《涅槃经》之前，他所显现的身是不究竟的凡夫身，此后是达到了究竟涅槃的圣贤身。在涅槃之前，佛陀的圣贤身是被生死烦恼所覆盖着的。涅槃之后才显现圣贤之身，没有生死烦恼。吉藏认为涅槃是中道，它本来非凡非圣，没有凡夫、圣贤之分。但佛陀最后之所以涅槃，是为了教化众生，所以有时化身凡夫，做凡间之事，有时化为圣贤。所谓化为凡夫，做凡间之事，就是佛陀初出世间时像我们这些凡夫俗子一样做事，乃至学习骑马、射箭等各种技艺，这就是以凡夫的化身覆盖了圣贤的实质。但这只是佛陀为了教化众生才化为凡夫的，这是以圣开凡。佛陀过去是开凡覆圣，现在是开圣覆凡，显现出圣贤的本性，覆藏了凡夫的化身。佛陀为什么要这样做呢？吉藏解释说，佛陀之所以要这样，是因为众生根机不熟，没有能力接受高深的佛法，所以不能说圣贤境界的佛法，只得说凡夫众生能接受的佛法，因此以凡覆圣；现在众生根机已熟，才能对众生说我本是圣人，这就是以圣开凡。这便是佛陀之前覆藏如今开显的原因所在。但众生听闻佛陀时而以凡覆圣，时而开圣覆凡，就误以为有两种不同的佛陀的形象。吉藏认为这种理解大错特错。他说佛过去虽然以凡覆圣，但本质上仍然是圣人，只是众生根机未熟，为了方便说法，才不能自称是圣，而只能说是凡夫，哪里还别有一个圣人本性可覆藏呢？现在教化众生，也是过去被佛陀教化的众生，哪里还有另外一批众生可以去除、哪里还有另一个圣贤可开显呢？也就是众生、佛陀都是同一种人。所以佛经说显发如来，方便密教。过去隐藏不说称为密；现在显说，就是开密。总之，凡夫与圣贤都是佛陀在教化众生时的方便权巧，两者没有绝对的对立，而是圆融一体的，生死即涅槃，目的是要众生由此而方便权巧而最终悟入涅槃境界。

常无常

龙树曾说过："何有常无常，亦常亦无常，非常非无常。"可见龙树对"常"和"无常"都是用四句加以否定的。但是涅槃学派认为佛陀在讲《涅槃经》之前，说的都是"无常"思想，涅槃时佛身是圆满常住的。所以过去说"无常"隐藏"常"，就是"覆"，也就是"无常"覆盖了"常"。而涅槃时佛身一向是"常"，称之为"开"，也就是在"无常"后开显了"常"。一句话，涅槃学派主张"涅槃"是圆满常住之法。

吉藏则指出常、无常就像凡圣一样，都是佛陀为了方便教化众生，即所谓"如此凡圣、常无常开覆并是大涅槃方便"。佛陀说凡圣、常无常乃是不可思议方便妙用罢了。

吉藏指出凡圣中又可分为凡始凡终、圣始圣终、凡终圣始、圣始凡终。为什么呢？佛陀一开始未成道之前是古印度北部迦毗罗卫国（今尼泊尔境内）的王子，只是一个凡人，所以称为凡始。佛经历六年苦行之后，行至恒河支流尼连禅河，于毕钵罗树下的金刚座上结跏趺坐，证悟十二因缘、四谛法等，而得正觉，这就是凡终。成佛为圣始，佛于拘施那罗的娑罗树间进入涅槃为圣终。圣始则凡终，凡终则圣始。但在中道的视角下，也可以说是凡始为圣终。如果不以无所得正观看待，就产生有所得虚妄，那么就是圣终为凡始。吉藏进一步说大乘凡圣有二种：第一，以方便权巧看，则凡圣皆无常；第二，以中道正观看，就没有凡圣，也没有凡圣的始终这种变化了。吉藏引用老师法朗的观点为证。法朗以开药治病为例。执着于常这种病严重，就设无常之药。众生执有为涅槃，因而设无；为了对治断除无常，就设常住，以涤除无常这种病。如果执常、执无常两种病都治愈了，那么设常、设无常的这味药也就没有了。所以说涅槃之法虽无所有而无所不有，虽无所不有而无所有。有无既然是这样，常无常也应当是这样，也即非常非无常。

　　总之，吉藏认为常、无常都是涅槃不同角度的展现，是佛陀善巧方便的教化众生方法。如果非要像涅槃学派固执于涅槃是"常"，生死是"无常"，这就落入了二见之列，从吉藏的涅槃是中道的角度来看，常、无常是不矛盾的，差别只是佛陀根据众生的不同而设立的不同名相而已。

隐显

　　这部分主要针对如来藏佛性而言。如来藏，就是指于一切众生的烦恼身中，所隐藏的本来清净（自性清净）的如来法身。如来藏虽然覆藏于烦恼中，却不为烦恼所污，具足本来绝对清净而永远不变的本性。所以如来藏一般被视为佛性的同义词。当时如来藏有两种解释：一是众生性颠倒的妄见而隐覆如来性，所以称如来藏；二是众生不堪闻如来之性，所以佛隐而不说，这也名如来藏。

吉藏认为一切众生皆有佛性。众生依据教义涅槃解脱时，断除违背常道、正理的妄见，就能显示如来藏，显示出的如来藏就称为法身；显示众生有佛性，就显示出众生是佛性根本，众生是佛，所以有佛性，反之则不得有佛性。吉藏以人的姓名为例。他说比如有人叫张郎，才有张姓。如果此人不是张郎，那就不能有张姓。佛性也是这样。就此而言，只是因为众生的执迷不悟，所以才说"隐"、说"藏"，哪里别有一个真实的如来藏可以隐藏呢？只是因为众生觉悟，所以称为"显"，其实法身本来无体可显，没有一个真实的"如来藏"可以显现，"隐"与"显"只是因众生迷、悟的不同罢了。有学派也认为如来藏体为虚妄所覆，名为"隐"；体性显现，名为"显"。隐显犹如"贫女宝藏""暗室瓶盆"，都是实在的事情。那和吉藏说的隐显有什么区别呢？吉藏解释说虽然双方都说隐显，但意义却大不同。就像是箜篌一类的音乐，没有棍棒的敲击因缘时，就没有声音可以听到，但这并不是说有声音躲藏在其中；当因缘具足时，它就会发出美妙的声音，但这也并不是有一个独立于箜篌的声音显示出来。如来藏就是这样，"隐显"都是出于因缘。吉藏反复论说目的在于说明如来藏只是方便权巧，不能执为实有，"隐""显"只是对如来藏不同层面的解释而已，只有站在中道的立场观察，才能真正理解如来藏的真义。

半满

"半满"即半字教与满字教，合称为"半满教"。"半字"原指梵语的生字根，即字母；"满字"则指集合字母所构成的文字。古印度有一本著名的文法书叫《毗伽罗论》，书中第一章《悉昙章》，是说明生字的理论，人们称只学习这第一章是"半字教"，如果学习全部五章，就称为"满字教"。相对于"半字教"，"满字教"圆满而殊胜。佛教转用它的意义，在

《涅槃经》中第五卷与第八卷的譬喻中，以"半、满"比喻佛陀教育子弟时，有部分的讲说，有全部的教授，犹如《毗伽罗论》的特征一样。《涅槃经》的譬喻，引起诸多不同的解说。有人以常住教的《涅槃经》是满字，以过去无常教的各佛经是半字。有人说只有《涅槃经》是常住，是满字，其他都是无常的半教。有人认为生死无常不通常，涅槃常不通无常，乃至说金刚心无常不通常，佛果常不通无常。以上说法有一个共同点，就是都认为《涅槃经》是圆融具足的满教。

吉藏认为半满的说法本身就有缺陷。他提出三条内容来解释"半满"之义。

无常为半常为半，无常为半常为满。意思是说"无常"和"常"各为"一半"，两者相比，相对于"无常"的"一半"，"常"的"一半"比较高深，所以名为"满"。

常无常皆半，是常无常所病皆洗除尽，名之为满。这是将上面第一条中的两半合起来称为"一半"，因为"常"与"无常"相对于佛圆融一体的教法，各自只不过都是一半而已，因此只有"常无常"的病患除去以后的境界才是"满"。这比第一条进了一步。

常无常用半，非常非无常体满，这是体、用不同。此体用、用体具足始为满。这是从体用上来讲的。常、无常只是方便的"用"，称为"一半"，体、用具足的"非常非无常"才是"满足"。这条比第二条又进了一步。可见，吉藏对"半满"的解释是不执着于某一种说法，认为"半满"可以具有各种不同的意义。从"半满"之义来解释《涅槃经》，就不能认为此经是究竟的常住教，涅槃只是佛陀对治众生病患的一种方便权巧而已。

总之，吉藏认为涅槃不是死后的虚无，也不是与生死截然相反的另一个实在可得的世界。同时，涅槃又是佛陀方便教化众生的教法，众生不可闻名作实而有所执着。从这一角度来看，吉藏的涅槃学说一如他其他方面的三论学，也是以"无所得中道"为最后归依。

二、净土思想

净土信仰产生于古代印度。在古代印度，关于人生是苦的观念，为许多民众所接受。由此而产生了希望摆脱现实痛苦，追求极乐净土的思想。当佛教发展起来后，这种思想逐步渗透到佛教教义之中。在大乘佛教经典如《大品般若经》《华严经》《法华经》中都讲到诸佛净土。在佛经中，《无量寿经》《观无量寿经》《阿弥陀经》是系统叙述西方净土的三部佛经，它们后来成了中国佛教净土宗的三部主要经典，一般统称为"净土三经"。

讲到涅槃解脱，自然也无可避免地要谈到净土这个问题。吉藏对净土问题十分关注，下面将简略地介绍一下吉藏对净土的看法。

从总体上来说，吉藏认为所谓"净土"，又称"佛土"，就是各位佛、菩萨所居住的场所，也是众生向往并最终归属之地。

从个别来说，吉藏将佛土分为五种：第一，净土；第二，不净土；第三，不净净土；第四，净不净土；第五，杂土。所谓"净土"，就是菩萨以合理益世的佛法来教化众生，使众生得到这种佛法，从而具备与佛法的缘分，最终获得往生纯净之土。所谓"不净土"，就是众生不行善行，而是去造作恶缘，最后招来的就是污秽之土。所谓"不净净土"，就是一开始是净土，但后来由于众生善缘穷尽，而恶缘随之而来，这样就由原来的净土转变为污秽的不净之土了。所谓"净不净土"，就是由原先的不净土转变为净土，就如同弥勒佛和佛，原来是不净土，后来由于弥勒佛和佛的出世到来，就变成了净土。所谓

"杂土"，就是净土和不净土混杂在一起，这是因为众生同时产生善缘和恶缘。

吉藏认为以上五种土都是众生自己须承受由自身行善、恶业所造成的乐苦果报，类似于我们通常所说的自作自受。所以吉藏称这五种土是众生土，但由于佛有教化众生之功，所以也可称为佛土。

吉藏又将五种土中的净土一项，再细分为四项。第一，凡圣同居土。比如弥勒佛出世时，凡夫和为了化度众生而现身说法的圣人所共同居住在净土之中。也如同在西方极乐世界，其中根机分为九品的凡夫，也有三乘圣贤，但是统统居住在一起。第二，大小同往门。这说的是独自修行成功的罗汉辟支佛和大力菩萨，舍弃了三界之中寿命长短、形体大小等各类差别、限度之身，而同住在三界之外的净土中。这其实指的就是大、小乘人。第三，独菩萨所生土。这个比较容易理解，就是只有菩萨才能居住的净土，比如没有二乘人的香积世界，只有菩萨的七宝世界等。第四，诸佛独居土。就是只有诸佛所居住的净土。吉藏认为各类净土都不出以上四项，这四项是从劣到胜次第排列的。

从上文可以看到，吉藏将佛土分为五种，又将净土细分为四项，那么"以何为土体"，即什么是佛土的体性呢？吉藏回答说有三种体性。第一，从佛土的表面形态说，佛土体性可分为：化处净、化主净、教门净、徒众净、时节净、无刀兵。吉藏提出只有以体悟一乘这一成佛唯一之教改正执着于三乘的弊病，所以心净，心净才能国土净，以此净教导一切众生，即是教门及徒众净。第二，以过去、现在、未来三世间的角度说明佛土，世间以七珍（七种珍贵的宝物）为体性。第三，从纵深的眼光说，以不土为土，也就是以中道为佛土。

在中道佛土的视角下，吉藏对佛土的"质""处"角度来申论净土、秽土的关系。"质"，指"土"的本质、本性，即

127

"净土""秽土";"处",指"土"的所在之地,主要有四种:第一种是二处二质,就是净土、秽土二质分别位于净、秽二处;第二种是二质一处,就是说净土、秽土二质在诸佛、菩萨眼中是既非净土也非秽土,而是中道土这一处;第三种是一质二处,意思是中道土这一质是非净非秽的,但中道土不能离开净土、秽土而存在,这就是"非净非秽"而"净秽宛然"存在;第四种是一质一处,就是净土这一质处于净土这一处,秽土这一质处于秽土这一处,两者截然分开。吉藏认为这四种说法可以并行不悖,不能执着于一边。因为在吉藏看来,佛土实际上是中道佛土,是远离二边的,身子(舍利弗)见到的秽土,在大梵天王眼里却是净土,这说明身子、大梵天王尚未悟得中道佛土。在中道佛土的视域看,净土、秽土同处同时不相障碍。

另外,吉藏还从"质""见"关系来论述净土、秽土。所谓"见",就是众生由于修行不同,对见到的同一"质"土产生不同的净秽。主要有四种:第一种是一质一见,对净土这一质见到的就是净土,秽土这一质见到的就是秽土;第二种是二质二见,就是对净秽二见各产生净秽二见;第三种是一质二见,这里分为两种情况:第一是对于中道土而言,本来是非净非秽的,但根据众生的不同修行情况而见到净秽二土,修行浅薄的众生见到秽土,修行高深的众生见到净土。其实,净秽二土都是一种土,那就是中道土,就像人见到古印度三大河流之一的恒河是水,而鬼见到是火,其实人鬼见到的都只是一条恒河。第二是从佛的报身、应身所住之土的迹土角度来说,身子所见为人土,大梵天王所见为天土,而佛的净土并非人土和天土,佛的净土如同宝庄严佛的刹土,这个刹土清净美妙,而人天缘却各自见到人天二土。第四种是二质一见,就是指虽然有净秽二质,但有福德的众生所见都是净土,而没有福德的众生却只见秽土。

吉藏还将佛身和佛土分别对应起来。他说："佛开三身，以身例土，亦有三土。"又说："一正法佛，二修成佛，三应化佛。故七卷《金光明经》云三身谓法身、报身、应身，《般若论》云法佛、报佛、化佛。"

　　佛身和佛土是这样对应的：第一，法身栖实相之土。《普贤经》说佛名叫毗卢舍那遍一切处，佛住处名叫常寂光，即法身土。《仁王经》说三贤十圣（为大乘佛教之菩萨修行阶位）居住于果报之土，唯有佛一人居住在净土。《璎珞经》说以中道第一义名法身土，佛有三身，就有三个名号，毗卢舍那是佛法身的名号，卢舍那是佛报身的名号，释迦牟尼是应身的名号。毗卢舍那华译为遍一切处，是光明遍照一切的意思。法身是常而非无常。第二，报身报土。报身就是应身。应身分为两种：一是内应身，二是外应身。内应身和法身相应，还属法身，与法身同住一土，是常。外应身是为化度菩萨而在净土成佛的报身，此土以宝玉为净土，不为劫火所烧，但最后也会灭尽，属无常。第三，化身土。这是佛化身所住的地方，此土有七珍和土沙之别，或净土或秽土，是会坏灭的，是只有无常的。

第9章

吉藏的判教学说

　　拥有一套代表本宗立场的比较系统、完备的判教学说是一个佛教宗派得以成立的基本条件之一。吉藏之所以成为三论宗真正的创宗人，其中一个重要原因就是他提出了一套相对完备的判教学说。在南北朝时期，随着大小乘经典纷纷被介绍到中土，随之形成了许多不同的佛教派别，这些不同佛教经典和派别所阐述的义理互有出入，甚至相互矛盾。但这些佛教经典又都号称是佛陀所说。这样一来，就出现了一个棘手的问题：既然这些经典都是佛陀所说，那么它们之间怎么又会相互矛盾呢？为了调和各家学说，判教之风盛行一时。通过判教的方式来抬高本宗派所奉持的佛经在整个佛教中的价值和地位，就成为创立宗派所必须重视的理论活动。受时代风气的影响，吉藏在前人判教活动的基础上，也提出了自己的判教学说。总体来看，吉藏的判教学说也是遵循着中道思想的。

一、对五时教和三宗、四宗的批判

　　吉藏生活的时代，佛教界流行的判教观是：北方由于地论师的盛行而抬高《华严经》，南方则由涅槃师和成实师推崇《涅槃经》。南北论师都贬低《般若经》。各种判教思想中最著名、最流行的是二教五时判教。吉藏的判教学说遵循中道宗旨。他认为一切佛经的本质是破除众生的执着而显示中道。从这一立场上观察佛经，则一切佛经都是平等无二的，并无深浅优劣之分，因而涅槃师、成实师这种强生分别的做法遭到了吉藏的严厉批判。

二教五时判教最早是慧观提出来的。他深受宋武帝刘裕的器重。他为《涅槃经》撰写序言，正式提出了二教、五时。

他认为所有佛经全部都可以分为顿教、渐教二类。所谓顿教，就是顿悟成佛的教门，如《华严经》之类，只是为菩萨说教。所谓渐教，从佛在鹿野苑（位于印度北方邦瓦拉那西）初转法轮开始，到拘尸那揭罗（又作拘尸那伽罗、拘夷那竭、俱尸那、拘尸那、瞿师罗、劬师罗、拘尸城，意为吉祥草之都城。古称拘舍婆提，意译上茅城、香茅城、茅宫城、少茅城、奘草城、茅城、草城、角城。此城位于佛世时十六大国中的末罗国，系末罗种族的领土）鹄林涅槃为止，由浅入深，循序渐进地讲说佛法，就称为渐教。

在渐教中可分为五时：一是三乘别教。三乘，即三种交通工具，比喻运载众生度越生死到涅槃彼岸的三种法门。根据众生根机的钝、中、利，佛应之而说声闻乘、缘觉乘、菩萨乘三种教法。三乘别教，就是为声闻乘、缘觉乘、菩萨乘分别说教。为声闻乘说四谛，为缘觉乘讲十二因缘（构成一切有情众生生存的十二条件），为菩萨乘讲说六度（六种行之可以从生死苦恼此岸得度到涅槃安乐彼岸的法门，即布施、持戒、忍辱、精进、禅定、般若）。二是三乘通教。就是指《般若经》等佛经，对教化声闻、缘觉、菩萨乘三种根机的人全都适用。三是抑扬教。指《维摩经》《思益经》等，这些佛经赞扬大乘的菩萨乘，贬低和抑制小乘的声闻乘。四是同归教。指《法华经》，将三乘同归于佛乘（又称一乘，指一切众生都能成佛的教法），《法华经》的主旨就是探讨会三（三乘）归一（一乘）。五是常住教。指《涅槃经》，涅槃境界常住而没有生灭变迁。

对此慧观的判教思想，吉藏一一予以破斥。

对顿教、不定教的批判

吉藏对《华严经》顿教，《胜鬘经》《金光明经》《遗教经》《佛藏经》等不定教之说予以批判。

吉藏指出《华严经》非顿教。《涅槃经》中说佛初成道时，已有菩萨向他请教涅槃的深刻含义了。可见佛初成道时，也就是说《华严经》时，也曾说到过《涅槃经》的实相了，所以说不能认为《涅槃经》是渐教，《华严经》是顿教。吉藏又引《像法决疑经》为证。该经说有人见到佛入涅槃，有人见到佛的报身被百千佛的化身围绕着，在宣说《华严经》，可见，涅槃和宣说《华严经》还存在同时发生的情况。如果这样的话，《华严经》不一定是佛初成道时所说，在佛涅槃时也并非就不说。

不定教，出典不明，但"不定"一词常见于汉译佛典，意为不受约束、不受阻。"不定教"，就是佛不循次第，特别针对某类众生宣说的常住教学。吉藏认为不定教的说法根本没有经论依据，不应有这种说法。为什么这样说呢？吉藏解释说：比如《大品般若经》为第二时，那么其他般若类的经典也应该判为第二时；如果判《涅槃经》为第五时，那么其他各类和《涅槃经》一样都阐释"常"的思想的经典也都应属于第五时。所以说只能是根据佛经的各自内容而被归入各自的类别，所谓"以经摄类"。

对五时判教的批判

首先，吉藏从总体上对五时进行破斥。

他认为"但应立大小二教，不应制五时"，就是说只应该分为大乘和小乘两种判摄法就可以了，不必区分为五时。接着吉藏引用了《大品般若经》《法华经》《涅槃经》三经，《大智度论》《菩萨地持论》《正观论》（《中论》）来证明只有大、小，没有五时，认为五时的提法"非但无文，亦复害理"，非但没有佛经根据，而且损害佛教真理。

其次，吉藏对五时分别予以具体批判。

破三乘别教。吉藏指出第一时为三乘别教是不对的。依据《毗昙》的说法，三乘都是同时见到四谛后才得到佛的真理的；《成实论》认为只要得到了四谛之一的灭谛，就能成为佛教中的圣人。但按照大乘佛教的看法，获得无生灭涅槃的真理，才能与凡间分隔。由此可见，第一时教也是通教，怎么能说是别教呢？

破三乘通教。吉藏指出以《大品般若经》为三乘通教也不对。按《大智度论》的说法，般若智慧不属于二乘（声闻乘、缘觉乘），而属于菩萨乘。如果《般若经》是三乘通教，那它也应该是包含三乘，但事实上它并不包括二乘。有人提出疑问：就是说如果按照《大智度论》的说法，般若智慧只属菩萨乘，那为什么在《般若经》中却要求三乘都去学《般若经》呢？吉藏解释说般若智慧有两种：第一种名叫摩诃般若，华译是大智慧，只有菩萨才能拥有，所以不属于二乘；第二种叫实相般若，那是三乘都可以学习的。慧观不懂般若有两种的说法，就说《般若经》是三乘通教，显然是错误的。

破抑扬教。吉藏认为把《维摩经》说成是抑扬教也不对。吉藏指出《般若经》呵斥二乘癞狗，所谓"二乘癞狗"，《大品般若经》说声闻人"譬如狗，不从大家求食，反从作务者索"，意思是说二乘不去学习大乘（大家，即大主人）教，而求学于小乘（作务者，即佣工）。《维摩经》也责骂声闻乘是败根。既然《般若经》和《维摩经》都有批评小乘，怎么能把《般若经》划定为三乘通教，而将《维摩经》认定为抑扬教呢？

破同归教。吉藏认为慧观将《法华经》定义为同归教，那不错，但仍然有欠缺处。吉藏指出慧观在五时理论中，虽然辨析了三乘同归佛乘，但并未阐明常住和佛性问题，因此还是"不了之教"。所谓"不了之教"，就是不了义经的教法，不了义经是隐覆实义，而为方便之说，不明了开显法性实义经典。事实上，在吉藏看来，《法华经》已经谈到常住和佛性了，如大乘有空的创始人之一世亲在《妙法莲华经优波提舍》的前面七处谈佛性，后面也说到法身、报身、应身这三身，其中法身、报身就是常住教义。法身，又名自性身，或法性身，即常住不灭，人人本具的真性，不过我们众生迷而不显，佛是觉而证得了。报身是由佛的智慧功德所成的，有自受用报身和他受用报身的分别，自受用报身是佛自己受用内证法乐之身，他受用报身是佛为十地菩萨说法而变现的身。由此可见，《法华经》不是"不了之教"而应属于对佛理彻底极尽的教义。

破常住教。吉藏认为把《涅槃经》判为常住教，似乎是对的。但在吉藏看来，所谓常和不常，都是对治（断除烦恼）法门。事实上，吉藏认为涅槃"体绝百非，理超四句"，也就是说涅槃在体性上是断绝各种错误认识，在道理上是超越有、无、亦有亦无、非有非无这四句。而慧观认为《涅槃经》谈常住就是对佛理的彻底无余了，这显然只是懂得了涅槃的方便法门，而未得涅槃本质实体。

对《地论》学派判教的批判

北方《地论》学派主张四宗、五宗等说法。吉藏说菩提流支只说到半、满二教的判教，根本没有说到有四宗、五宗等等说法。还有人说三宗：一立相教，二舍相教，三显真实教；为二乘人说有相教，《大品般若经》等经广明无相，所以称舍相；《华严经》等经名显真实教门。吉藏认为这也是毫无根据的。

二、"二藏""三轮""四门"的判教学说

既然吉藏破斥了五时判教和四宗乃至五宗说，那么吉藏是不是有自己独到的判教学说呢？回答是有的，那就是"二藏""三轮""四门"说。

二藏

二藏，就是声闻藏（小乘之三藏）、菩萨藏（大乘之三藏）。在对各家判教说提出批判后，吉藏明确提出应该只立大乘教、小乘教这二教。这是依据菩提流支的半、满二教的说法而提出来的。吉藏说："今依菩提流支直作半、满分教。若小乘教，名半字，名声闻藏；大乘名满字，名菩萨藏。"

吉藏在《法华玄论》中征引了很多经论来证明他的说法。

《大智度论》说佛法有二种：一是大乘藏，二是小乘三藏。又说佛法有二道：一是声闻道，二是提萨埵道。前者是根据佛法分，后者是按照人区分。《大智度论》还说佛灭后迦叶与阿难结集三藏（小乘三藏），文殊、弥勒也与阿难结集摩诃衍藏（大乘三藏）。

《大般涅槃经》说字有二种：一为半字，二为满字，为声闻说半字，为菩萨说满字。又说诸大众分为二种：一是求小乘，二是求大乘。佛以前在波罗捺城为声闻转小法轮，如今在拘尸那城为诸菩萨转大法轮。

《法华经》说佛以前在波罗捺城转生灭小轮。如今到灵鹫山转无生灭大轮。该经还阐明二种教：一是教声闻，二是教菩萨。

《摄大乘论》也表明声闻法和菩萨法。声闻法只是断除惑障，而菩萨法能断惑智二障。

《十地经论》中说的二藏与《大智度论》相同。

《维摩经》中说凡是由菩萨所说的法，叫作菩萨法藏，菩萨的法藏能够成就菩萨道，所以是菩萨法藏所摄。既然有菩萨法藏所摄，那肯定有声闻法藏所摄。

《中论》说声闻法（小乘法）入第一义道。摩诃衍（大乘法）入第一义道。此外，一切佛经在开头都只列出二众：一是小乘众，二是大乘众。

总之，吉藏从以上所应用的经论中得出结论：所有经论"但明大小二乘。故唯有二种法轮，不应立三教也"。所以，吉藏提出佛法只有大乘教和小乘教。

吉藏认为所谓小乘教，它的至理无非是人法二空。讲因果只说有作四谛，即小乘还有修作，是不完全、不究竟的。这样就是"教不尽宗，语不极义"，是只能接受小法的根性、小乘的修行，称之为半，所以叫小乘、叫声闻藏。大乘教理宣说平等不二、无得正观。讲因果是说无作四谛，即大乘后无修作，是完全而究竟的。这就是"教称大乘宗，语极圆旨"，是大乘的机根、大乘的行法，堪称圆满无缺，名之为满，所以叫大乘、叫菩萨藏。

但值得注意的是，吉藏虽然将佛法区分为大乘教和小乘教。但他最终目的并不止于此，吉藏的最高境界是无所得中道。他说，《法华经》说小乘是化城，不知大乘也是化城。望大，所以说小是化；望非大非小，都是化。乃至十地及以摩罗都是化城。所以说空包含一切也。所谓化城，就是变化出来的城邑，在《法华经》中，指某一群人在取宝途中的暂时休憩之所，是由领队的导师所化现出来的。《法华经》用此化城以比喻小乘的涅槃果位。在无所得正观的视角下，可以泯除大乘教和小乘教之分。吉藏说正道是不分大小乘教的，只是为了教化众生，所以才分大小的，事实上，大小只是一种方便而已。他认为区别大小乘教、圣者凡夫都是有所得。原来佛陀出世施教众生，本来是要众生领悟不凡不圣不大不小不二中道法门。而有凡圣、大小，都是非凡非圣、非大非小，所以能大能小、能凡能圣。虽然有凡圣，但最高境界是非凡非圣、非大非小的中道。

三轮

吉藏虽然批判三宗、四宗、五时等判教说，但吉藏也认为因为众生根机不同，所以佛所说之法有差别之处。因此他提出了三轮的理论。所谓三轮就是根本法轮、枝末法轮、摄末归本法轮。根本法轮是一乘教。枝末法轮是佛鉴于众生不堪闻一乘，所以将一乘分为三乘并加以宣说，因为三是从一而来的，所以称为枝末。摄本归末法轮是汇合三乘，同归一乘。吉藏认为"此之三门，无教不收，无理不摄"，就如同"空"可以包罗万象，如同海可以吸纳百川。根本法轮阶段是佛初成道时开讲《华严经》，纯粹为诸菩萨讲一因一果（一乘）。但佛鉴于众生根机浅薄不堪听闻一因一果，所以佛于一乘讲三乘，称为枝末法轮。经过四十余年用三乘之教去陶练众生之心，使得众生到达了听闻一乘的程度，所以佛开讲《法华经》，会三乘归一乘，这就是摄末归本法轮。

那么根本法轮是一乘教，摄本归末法轮也是会三归一乘，两者都说一乘，彼此是否有什么不同呢？吉藏说以前南北方学者都说《华严经》是究竟之教，《法华经》是未了之教。吉藏认为这是不对的。《华严经》是佛初成道时为菩萨讲一乘，《法华经》开始说一乘救子不得，后辨一乘救子方得。所谓一乘救子，《法华经·譬喻品》说一个故事：大富长者之子在小时候迷失于他国，几十年后，穷困潦倒，四方求食。一天，穷子乞食来到其父所居的城市，长者因常常思念出走的独子，一见穷子便立即认出，命人追还，欲付家业。但穷子一见有人来追他，由于惊惶恐怖而至闷绝不醒。长者知道穷子心意下劣，不堪受继，便放还贫里，让他自求衣食，自力更生。长者设善巧方便，脱下璎珞细软等华丽装饰品，穿上粗敝垢腻衣与穷子同一劳作，并认穷子为义子，二十年中同进同出，两无猜忌，互相信任。长者见穷子卑下心渐除，而自己又临欲命终，便集诸国王大臣、刹利居士，当众认子，并付家业。穷子此时便生大欢喜，得未曾有，于是就继承了一切。《法华经》以"穷子"喻二乘人，大富长者譬喻佛。这个故事告诉我们佛通过种种方便教导小乘人领受一乘。所以说两者都是讲一乘，因此不能说《华严经》是究竟之教，《法华经》是未了之教。

四门

顿渐四门。吉藏批判了顿教说，他明确提出自己的主张，那就是非顿非渐。他说：顿而非渐，是佛初成道时为诸菩萨演说《华严经》；渐而非顿，这是说人、天界和二乘教；亦渐亦顿，就是《大品般若经》教。为菩萨说《大品般若经》，《般若经》对菩萨来说是顿教，而为小乘人说大乘佛法，是为了进入一乘的方便，所以对小乘人来说《般若经》是渐教；非渐非顿，前面三种都只是教化众生的言教，用这种言教是为了显示无法用言语表达的中道，所以不能用渐教、顿教来区别。

四种显密。显密，就是指显教和密教。显教是可用文字语言显示的教法，密教是依文字语言无法全然显示的秘密教法。从这个角度来说，就不区别大小乘教。吉藏提出四种显密的说法。第一，显教菩萨，不密化声闻，即《华严经》。此时诸菩萨大机已熟，所以显教。此时声闻人接受大乘的根机未熟，不堪密化，就像穷子一样，大富长者罗列了很多珍宝，要父子相认，但穷子呼天抢地，未堪接受珍宝，所以不密化声闻人。第二，显教声闻，不密化菩萨，即三藏教（小乘教）。此时佛只对声闻人宣说小乘，而菩萨已是大乘根机，不须对他们说小乘。第三，显教菩萨，密化声闻，即《般若经》。此时菩萨大乘根机已成，所以显教。声闻人根机渐熟，堪闻大乘，所以密化。第四，显教菩萨，显化声闻，即《法华经》。此时菩萨、声闻人都成佛，所以是显教菩萨，显化声闻。其中只有显教声闻，不密化菩萨一种属三藏教，其余三句都属菩萨藏（大乘教）。

傍正四门。所谓傍（旁），就是侧面。正，就是正面。吉藏认为一切佛经都有旁正两种教化方式，是根据不同的对象而有不同的重点。吉藏说：第一，正显真实，傍开方便，是《华严经》。这是为诸菩萨说究竟因果（一乘），因此正显真实（一乘），同时要令菩萨知道三乘是权方便，所以傍开方便。第二，正闭方便，正隐真实，是三藏教。不明三乘是权方便，所以正闭方便。不显示唯有一乘，所以正隐真实。第三，正显真实，傍闭方便，则是《般若经》等教。阐明大乘是究竟彻底的正理，所以正显真实，未开三乘是权方便，所以傍闭方便。第四，正开方便，正显真实，乃《法华经》。一方面辨析三乘是权方便，因此正开方便，另一方面又阐明了唯有一乘，因而正显真实。

以上简单介绍了吉藏二藏、三轮、四门的判教学说，由此可以看出，吉藏不论是破慧观的五时教，地论的四宗五宗，还是提出二藏、三轮、四门，其根本都是为了彰显无所得中道。正如他一再强调的那样："正道未曾大小，为众生故说大小"，"一切大乘经明道无异，即显实皆同"。这里的"道"就是一切佛经的核心理论——中道。

第 10 章

吉藏学说在佛教思想史上的地位

通过以上对吉藏三论学理论的简略介绍可以看到，吉藏一方面继承了印度中观学、关河旧义和摄岭相传的三论学，破斥其他佛教学派，另一方面又在思想内涵上进一步进行创造性发挥，成为中国佛教三论宗的创始者和集大成者，其学说沾溉后世良多，在中国佛教思想史上占有重要地位，其学说在中国大江南北乃至边远地区以及东亚地区都有相当的影响力。

一、吉藏学说的历史贡献

吉藏创立的三论宗是中国佛教史上最早的宗派之一。三论学自鸠摩罗什在关河一带译介、宣传之后，虽然有僧肇等人努力继承，但此后却一直隐而不显，处于沉寂之中。直到摄岭三论派兴起，才重新发扬了三论学，但也没有形成宗派意识。只有在吉藏出现之后，他以高度的使命感，以龙树中观学的中土传人自居，有意识地继承关河、摄岭诸师，走遍大江南北，破斥其他学派，弘传三论学理，兼通《法华经》《涅槃经》和其他学派学说，著书立说，规模宏阔，从而为三论宗的创立奠定了基石。

吉藏的学说破斥了当时佛教界的一些流行看法。吉藏破斥印度和中国外道，同时也破毗昙的执有、成实宗的执无以及摄论、涅槃等大乘佛教的有所得，彻底地对当时流行的大小乘学派的实有观念破除和清理，高扬无所得的般若中观思想，从而彰显出大乘佛教的核心理论。隋唐以后，佛教出现的不再是学派，而是宗派，这与在理论上吉藏对其他学派的批判有密切联系。

吉藏学说在佛教思想史上具有承上启下的地位。作为历史和时代的产物，吉藏学说全面总结了魏晋南北朝佛教的思想，规定了隋唐佛教发展的某些方面。他的学说是上承般若三论，下通《涅槃》《法华》，所以从思想史的大流来看，吉藏学说可以说是南北朝的各家学说过渡到智顗天台学的津梁。因此，如果不通吉藏学说，那么由南北朝至智顗的思想发展也就不得而明。为什么这样说呢？吉藏与智顗虽是同一时代的人，但在佛教思想发展史上看，应该以吉藏的空观思想为先，然后才有智顗"空假中三谛圆融"思想的出现。

不仅是天台学，唯识宗的"三无性"说，华严宗的"法界圆融"与净土宗的"自性净土"，也都是依据三论的"中道"理论建立。如净土宗说："是心作佛，是心是佛。"心与佛无二，无二即是中道也。

吉藏对禅宗影响最大。如禅宗的"明心见性"，是依吉藏的"自性清净"（中道）的理论而提出的。禅宗的"不立文字，言语道断"就是中道思想。禅宗提出"菩提本无树，明镜亦非台，本来无一物，何处惹尘埃"，牛头禅的创始人法融主张"泯绝无寄"，与吉藏所强调的"无得正观"有相似之处。神会"无念、无住、无相"的"无住"思想主张与吉藏所说的"以无住为体中，此是合门。于体中开为两用，谓真俗，此是用中"的说法有相合处。

吉藏是一位博学多闻、著述等身的高僧，他对许多佛经都有深厚的研究，并勤于笔耕，撰述的佛经注疏有一百余卷，四十多部，被称为"嘉祥文海"，从而为中国佛教文化留下了一笔宝贵的财富。唐君毅认为："自吉藏之言说之所及者而观，则实已超过印度般若三论之明文之所及。"不仅如此，吉藏的佛典注疏中记载了中国佛教史上的一些重要文献资料，使后人能透过他的著述了解到南北朝时期的一些言论、著作业已散佚的高僧思想片断，对我们了解那个时期的佛教思想流派都有裨益。如智藏撰有《成实大义记》及《成实义疏》十四卷，惜均已散佚，现在只有通过吉藏的引述，才能知晓智藏思想的一鳞半爪。另外，备受吉藏尊重的昙影对《中论》的注释也凭着吉藏的著作而得以保存和流传。

二、吉藏学说的影响力

吉藏不仅是中国佛教史上一位著名的佛教领袖，同时也是一位对周边地区很有影响力的佛学大师。他所创立的三论宗及其博大精深的佛学理论，不但流行于中国边陲地区如敦煌一带，而且很早就传入了朝鲜和日本，并对此两国佛教的发展产生了深远的影响，同时也加深了中朝、中日、朝日之间的文化交流。

在边陲敦煌的流传

吉藏通过在江南、江北、中原地区的不懈努力，使三论学广泛流传于中国各地。虽然三论学在吉藏之后，就逐渐开始衰落，到晚唐时期，已少有传承，其著作也只保留于一水相隔的日本。而我们从地处边陲的甘肃敦煌莫高窟所保存的敦煌遗书中，却也发现了不少吉藏著作的残篇断简。这些零碎的文字虽然吉光片羽，但从中可反映出吉藏的学说在地处偏僻的甘肃敦煌地区也多有传诵和研究，可见其受欢迎程度。

敦煌遗书中共存中国国家图书馆藏编号为北敦 1316 号

（羽019）、英国图书馆收藏编号为 S.06583 号、上海图书馆收藏编号为 138（索书号 812443）、俄罗斯科学院东方研究所圣彼得堡分收藏编号为 Φ068（M.1289）等 4 号《维摩经义疏》写卷。此注疏未为我国历代大藏经所收，敦煌遗书出土后，被收入日本《大正藏》及《卐字续藏》。其中 Φ068（M.1289）号有题记："仪凤三年（678）八月十二日令狐恩（思?）约勘定。"上海图书馆收藏编号为 138（812443）号有题记云："证圣元年（695）闰二月十八日大云寺僧（录）澄。"这证明在唐代前期，仍然有人在抄写和学习三论学。敦煌遗书中还留有《法华经义疏》，如 S.6891 号、S.6789 号、S.4136 号、天津艺术博物馆藏第 304 号、法国国家图书馆藏 P.2346 号等，均未为我国历代大藏经所收。

吉藏著作在敦煌遗书中的留存，有力地表明了在唐五代时期的敦煌一隅，吉藏的学说一直在被研习和传播，充分展现了其学说的影响力和生命力。

在朝鲜、日本的传承

吉藏学说传入朝鲜、日本，主要是通过其弟子高句丽慧灌。日本推古天皇三十三年（625），慧灌奉高句丽王之命入日本，住元兴寺。当年夏天日本大旱，天皇命慧灌祈雨，慧灌毫不迟疑，只见他身穿青色僧衣，升坛作法，口讲三论，瞬时大雨滂沱。天皇大悦，擢升为僧正。后创建井上寺，大弘三论宗，所以被尊为日本三论宗初祖，门下有弟子福亮、智藏、僧敏等多人。

福亮，原是中国江南人，受三论于吉藏。其中智藏为福亮俗家之子，智藏于初唐时入中国随吉藏学习三论，后回日本住法隆寺宣讲三论。智藏门下有道慈、智光、礼光三大弟子。

道慈，师事智藏，于日本大宝元年（701）入唐跟随吉藏再传弟子元康学习三论，回日本后住法隆寺宣讲三论。道慈风格清高，长屋王（高市皇子的长子）招赴诗宴，他固辞不往，并谓："僧既方外之身，何烦入宫赴宴。"可见他颇不满当时僧人过分媚俗的不良之风。道慈著有《愚志》一卷，惜已不传。道慈还擅长建筑之学。日本国主曾下令翻新大官寺，并寻觅翻新方案，然而遍寻国内，竟然无人能够承担。道慈上奏说："臣在大唐时，曾于长安西明寺留意于寺院建筑，并发愿如果回国后有机会，定要仿建一所寺院。臣斗胆愿承担这一任务。"国主大悦，命以造寺监护一职。道慈弟子善议，也曾入唐请益三论，归日本后住大安寺弘讲三论，备受学徒推重，于是形成"大安寺派"。善议一系传于弟子勤操。有一次，日本国主集各宗派代表人物辩论，任命勤操为主持人，勤操尊三论为君父，贬法相宗为臣子。勤操词义赡博，一下子将法相宗代表说得哑口无言。勤操的同学安澄，为人机敏，议论绝伦，鲜有人能与之匹敌。安澄传弟子实敏，据说实敏的母亲梦见房间里造了三层高的佛塔，于是就有了身孕。这是否意味着将来实敏注定是要学三论学呢？实敏有重瞳（一个眼睛里有两个瞳孔），中国古代相术认为重瞳是一种异相、吉相，象征吉利和富贵。实敏音声雅丽，凡是听他说法的人无不钦佩欢悦。实敏传弟子玄叡而终止。

　　智光和礼光也是智藏的得意门徒。礼光暮年默然不语。智光问他原因，礼光不语。过了几年，礼光圆寂。智光感叹道："礼光是我少年时的莫逆之交。近年默然不语，其实是在精修不懈。但不知受生何处。"就这样祈念了三个月。有天晚上，智光梦见到了礼光住处，但见屋子华丽光洁，宛如极乐世界。智光惊异地问："这是在何处？"礼光说："这是极乐世界啊。你是因一直祈念我，才会到此。但此处非你所居，不如趁早离去。"智光说："极乐世界也是我所想的，我偶然至此，何须回去呢？"礼光答："你没有往生净土的修行方轨，不可居此。"智光不服："你平时修行方轨并没超过我，近年只是沉默不语。

144

没道理指责我。"礼光说:"我读经论,说往生净土,必须集中心念断除妄念,所以绝言语。"智光叹服,请礼光传授集中心念的口诀。礼光说:"你何不去请教阿弥陀佛呢?"于是两人到了阿弥陀佛所在之地。阿弥陀佛对智光举起右手,便见阿弥陀佛手掌中现出庄严华丽的净土世界。于是智光请画工将佛掌净土画在了寺院墙壁上,常常细细观摩。据说智光后来也往生了净土。世人争相摹画佛掌净土图。

智光、礼光一系住元兴寺宣讲三论,于是形成"元兴寺派"。门下以灵叡最为杰出。再传弟子圣宝,敕谥"理源大师",初学密宗,后修习三论、法相、华严等。延喜五年(905)在东大寺创建东南学院,作为弘扬三论宗的大本营。又曾造丈六大佛像二十余躯。圣宝有如意一枚,背面刻五头狮子,正面雕三根金刚杵(在佛教密宗中,金刚杵象征着所向无敌、无坚不摧的智慧和真如佛性,它可以断除各种烦恼,摧毁形形色色障碍修道的恶魔,为密教诸尊之持物或瑜伽士修道之法器),表明圣宝是显教、密教并重。此枚如意代代相传,讲师必持此如意方可讲经说法。在此之后有再传弟子永观、珍海等。永观十一岁时出家禅林寺,研习密教。宽德元年(1044),登东大寺戒坛院受具足戒,学三论宗,兼习法相、华严诸学。年三十,隐栖山城国(京都)相乐郡光明山寺,十年间专修净业。四十岁,应请至禅林寺,弘扬三论。珍海乃是一位佛画画师,初于东大寺学三论,又于醍醐、劝修二寺学密法,另又兼修净土教,被誉为天下第一绘师。镰仓时代(12至14世纪)中叶以后,有再传弟子东大寺的圣守和京都广隆寺的澄禅等人,并致力于振兴日本三论宗,是三论宗在日本的全盛时期,此后逐渐名存实亡,不见于传承。

虽然日本的三论宗如同其源头中国三论宗一样,后来被其他宗派所掩盖,但是毫无疑问,吉藏所创立的三论宗,不仅对中国,而且对朝鲜和日本的佛教和文化的发展,都做出了重要的历史贡献。同时，三论宗的东传，也体现了中国人民与朝鲜、日本等国人民的友好往来和文化交流。

三、吉藏学说衰落的原因

吉藏所创立的三论宗在其圆寂后，就迅速走向衰落，其中的原因，根据各家研究主要有以下几点。

第一，吉藏不善于培养弟子。

唐代的僧人学者道宣在《续高僧传》中对吉藏的品行提出尖锐批评，说吉藏爱狎风流，不拘检约，贞素之识，或所讥焉。而且又纵达论宗，颇怀简略，御众之德，非其所长。所谓"御众之德"，就指他不擅长教育、管理门下徒众。

第二，没有杰出的弟子继承法统。

正因为吉藏不善于培养弟子，所以门下出色的弟子不是很多。吉藏的弟子我们上文已经有过介绍。这些弟子、门人或因学识、影响力不足，或者去世较早，或因转向其他领域，都未能成为弘传三论宗的高僧大德。比如智凯跟随吉藏到京城以后，就放弃了原来所学的三论学，转而对诸子百家和历史典籍十分专注，常对今古集传等典籍予以疏释，还对唱导十分热心。又比如智实，虽然也学三论，但他的活动主要是护法，而非讲学著述。当唐太宗下诏将道教的地位提高到佛教之上，智实鉴于佛教湮沉，乃携大德法常等十人，随驾至阙，上奏朝廷为佛教争取利益，为此，还受到杖责，所以道宣将他列为护法僧。还有几位弟子，并不继承三论之学，反而致力于弘扬《法华经》。

第三，吉藏自命继承龙树之学，主张破邪显正。

但事实上，吉藏学说却是破邪有余，而显正略有不足，所以说缺少独树一帜的理论体系，这对一个宗派的理论建设的完整性是消极的。

第四，吉藏学说未能迎合时代潮流。

首先，吉藏过分强调"空""无所得"，这跟中国人的思维有所不同。中国人对宇宙人生，总不能完全看作空，即使"空"仍然"有"，因此对印度佛教中纯粹"性空缘起"，或"妄虚幻有"的观念，并不能完全接受。其次，当时中国佛教已经开始心性论的建构，心性论是典型的中国化佛教标志。相比当时的天台宗等以"心"为核心理论，吉藏在心性论方面的探索显然不够充分。此外，吉藏学说理论性极强，论述方式烦琐、迂涩，容易使人抓不住头绪，而且吉藏一生致力于弘扬三论学理论，而忽视了如何教导社会普通大众从事具体修行行为，这使得吉藏学说只能流行于少数知识分子之间，而无法普及广大平民百姓。正如方东美评价的那样："这一套哲学必定很复杂，才会无人问津。"

第五，其他宗派竞相兴起，削弱了吉藏学说的影响力。

正如清末杨仁山居士在《中论疏序》中所说，虽然吉藏专弘龙树的中观学说，但天台宗也尊龙树为始祖，仅吸取了《中论》"因缘所生法，我说即是空，亦为是假名，亦是中道义"一偈，以及空观、假观、中道观等三观。"而禅宗祖师又以不立文字弃龙树妙论于不顾"，所以三论宗成为绝学。由惠能开创的中国禅宗思想，其核心理论和最终目标就是"离相""无念""见性"。所谓"离相"，就是"于相离相，于空离空"，"出入即离两边"，也就是要否定和超越思维中的一切二元对立，达到非有非无、非亦有非亦无、非非非无这种不着两边的超越境界。"无念"就是"于一切法上无住"，"于一切境上不染"，这就是要以本心超越一切对立。"见性"，即彻见自己本来心性的灵机。换言之，离开一切执着，超越一切矛盾。可见禅宗和三论宗一样，也强调超越一切，不可思议，毕竟不可得。但由于禅宗创立以后，其影响力不断扩大，以致逐渐成为中国最流行的宗派之一。在与天台宗、禅宗等宗派的竞争中，三论宗无疑处于劣势，最终成为绝学，湮没于滚滚的历史车轮之下。

吉藏学说精深细致，论述迂回、艰涩。本文虽极欲用通俗简要的语句予以表述，但实在勉为其难。幸好前辈时贤对吉藏多有深入研究，此处借鉴和引述极多，限于体例，未能一一随文注出，只能一并列入参考文献中，敬请谅解，同时也致以深深的谢意。

附　录

年　谱

549 年（梁武帝太清三年）　吉藏出生于建康。本姓安，是安息国王室的后代。母亲冯氏，南朝建康人氏。

553 年（承圣二年）　父亲带吉藏见真谛，真谛为吉藏取名。

554 年（承圣三年）　吉藏父亲出家，法号道谅。道谅带领吉藏听法朗讲经。

555 年（绍泰元年）　从栖霞寺法朗出家。

562 年（陈天嘉三年）　开始研习《百论》。

567 年（光大元年）　开始对信众复讲《百论》。

569 年（太建元年）　受具足戒、过夏安居。智顗在建康瓦官寺开讲《法华经》，法朗派高足（其中包括吉藏）前往与智顗辩论。

581 年（太建十三年）　法朗卒。北周亡，隋朝立。

583 年（至德元年）　师叔慧勇卒。

587 年（祯明元年）　师叔慧布卒。

589 年（隋开皇九年）　隋灭陈，全国一统。

591 年（开皇十一年）　吉藏离开建康，移住至会稽郡嘉祥寺，弟子智凯（乌凯）随往。

595 年（开皇十五年）　吉藏撰《大品经义疏》。

597 年（开皇十七年）　此年八月，吉藏驰书邀智顗至嘉祥寺讲《法华经》。智顗因病重不赴。

599 年（开皇十九年）　受杨广之请，吉藏驻锡至扬州慧日道场。吉藏撰《三论玄义》《胜鬘宝窟》《华严游意》。不久移住长安日严寺。吉藏抱脚疾撰《净名玄论》。

602 年（仁寿二年）　　隋文帝敕吉藏撰《净名疏》《中观论疏》《十二门论疏》。

604 年（仁寿四年）　　隋文帝敕吉藏撰《维摩经义疏》。

605 年（大业元年）　　吉藏请人抄写《法华经》两千部。

608 年（大业四年）　　吉藏撰成《中观论疏》《十二门论疏》《百论疏》。

609 年（大业五年）　　吉藏与僧粲等三十余人论辩。

617 年（大业十三年）　　吉藏造像二十五尊，并造普贤菩萨像，置于日严寺。

618 年（唐武德元年）　　隋灭唐兴。吉藏被众僧推选，受到唐高祖接见，后敕住长安实际寺、定水寺。

619 年（武德二年）　　唐高祖敕吉藏移住长安会昌寺。

620 年（武德三年）　　吉藏被任命为十大德之一，纲维佛教。

623 年（武德六年）　　五月，吉藏圆寂。临终前撰《死不怖论》，落笔而卒。

主要著作

1.《大品游意》一卷。

2.《金刚般若经义疏》四卷。

3.《仁王般若经疏》六卷。

4.《法华玄论》十卷。

5.《法华义疏》十二卷。

6.《法华游意》一卷。

7.《华严游意》一卷。

8.《胜鬘宝窟》六卷。

9.《无量寿经义疏》一卷。

10.《观无量寿经义疏》一卷。

11.《涅槃经游意》一卷。

12.《弥勒经游意》一卷。

13.《净名玄论》八卷。

14.《维摩经义疏》六卷。

15.《金光明经疏》一卷。

16.《法华论疏》三卷。

17.《中观论疏》二十卷。

18.《十二门论疏》六卷。

19.《百论疏》九卷。

20.《三论玄义》一卷。

21.《大乘玄论》五卷。

22.《二谛义》三卷。

23.《大品经义疏》十卷（缺第二卷）。

24.《维摩经略疏》五卷。

25.《法华统略》六卷。

参考书目

1. 道宣：《续高僧传》，《大正藏》卷50。

2. 虎关师铼：《元亨释书》，《大藏经补编》卷30。

3. 张曼涛：《三论宗之发展及其思想》，台湾大乘文化出版社，1978年。

4. 吕澂：《中国佛学源流略讲》，中华书局，1979年。

5. 吕澂：《印度佛学源流略讲》，上海人民出版社，1979年。

6. 村上专精：《日本佛教史纲》，商务印书馆，1981年。

7. 方东美：《中国大乘佛学》，台湾黎明文化事业股份有限公司，1984年。

8. 廖明活：《嘉祥吉藏学说》，台湾学生书局，1985年。

9. 韩廷杰：《三论玄义校释》，中华书局，1987年。

10. 唐君毅：《唐君毅全集》，台湾学生书局，1990年。

11. 丁福保：《佛学大辞典》，上海书店，1991 年。

12. 蓝吉富主编：《中华佛教百科全书》，台湾中华佛教百科文献基金会，1994 年。

13. 华方田：《吉藏评传》，京华出版社，1995 年。

14. 潘桂明：《智颛评传》，南京大学出版社，1996 年。

15. 杨永泉：《三论宗源流考》，江苏古籍出版社，1998 年。

16. 许抗生：《僧肇评传》，南京大学出版社，1998 年。

17. 杨惠南：《吉藏》，台湾东大图书公司，1999 年。

18. 汤用彤：《汤用彤全集》，河北人民出版社，2000 年。

19. 慈怡：《佛光大辞典》，北京图书馆出版社，2004 年。

20. 体恒：《吉藏大师的涅槃思想研究》，中国佛学院 2006 年硕士论文。

21. 陈燚：《吉藏〈三论玄义〉破、显论》，四川大学 2006 年硕士论文。

22. 张利文：《吉藏思想研究》，苏州大学 2007 年硕士论文。

23. 李勇：《三论宗佛学思想研究》，宗教文化出版社，2007 年。

24. 董群：《中国三论宗通史》，凤凰出版社，2008 年。

25. 杨曾文：《日本佛教史》，人民出版社，2008 年。

26. 妙一：《关于"吉藏就学于灌顶说"的几个疑点》，《中国佛学》（总第 29 期），中华书局，2011 年。